한국생활사박물관
03

고구려생활관
LIVING IN THE CENTER OF UNIVERSE

사계절

한국생활사박물관 편찬위원회

편집인	강응천
연구 · 편집	김영미
기획	(주)사계절출판사
집필	오영찬 (고구려실)
	김일권 (특별전시실)
	강응천 (야외전시, 가상체험실)
	전호태 (특강실)
아트디렉터	김영철
편집디자인	백창훈 · 이정민
일러스트레이션 디렉터	곽영권
일러스트레이션	강전희 · 김동원 · 이선희 · 이원우
	이은홍 · 이진 · 이혜원 · 조광현 · 한수임
사진	손승현
전시관 디자인	장문정
제작	박찬수
교정	이경옥 · 김장성
내용 감수	전호태 (울산대 교수 · 한국고대사)
기획 감수	최준식 (이화여대 교수 · 종교학)
	오주석 (1956~2005, 전 연세대 겸임교수 · 미술사)
	김봉렬 (한국예술종합학교 교수 · 건축학)
	주영하 (한국학중앙연구원 교수 · 민속학)

일 러 두 기

1. 역사적 사실이나 개연성에 대한 고증과 평가는 학계의
   통설을 기준으로 삼았다.
2. 지명과 인명의 표기는 가급적 중·고등학교 교과서를 따랐다.
3. 외래어 표기는 현지 표기를 존중하는 문화관광부 제정
   '외래어 표기법'과 중·고등학교 교과서를 따랐다.
4. 한자의 사용은 되도록 피하되 꼭 필요한 경우에는 ( ) 안에 넣었다.
5. 생활사의 성격상 곳에 따라 역사적 개연성을 벗어나지 않는
   범위 안에서 가상 인물이나 가상 이야기를 첨가했다.

『한국생활사박물관』 3권 「고구려생활관」을 펴내며

언제부터인가 우리 나라 사람들은 삶의 이상적 모델을 외부에서 찾는 데 익숙해졌다. 유교를 숭상한 조선 시대에는 중국을, 서구화를 추진해 온 현대에는 미국을 수준 높은 생활의 표준을 제공하는 곳으로 여기곤 했다. 우리 사회에 문제가 생기면 "공자와 맹자의 나라 중국에서는……", "민주주의의 본고장 미국에서는……" 운운하며 해결책을 제시하는 일이 많았다.

그러나 '최고는 항상 우리 바깥에 있다'는 열등감이 한국사 전체를 지배한 것은 아니다. 우리 역사 속에는 스스로를 '천하의 중심'으로 생각했던 나라도 있었다. 그 나라의 이름은 고구려이다.

물론 어떤 나라든 자기가 세계 최고라고 자부하는 것은 자유이다. 문제는 과연 객관적으로도 그러한가이다. 광개토대왕이나 을지문덕 같은 영웅들의 활약상에서 보듯 고구려는 영토의 크기나 군사력, 사람들의 기백에서 그러한 자부심에 값하는 면모를 갖고 있었다. 그러나 우리에게 고구려의 경험이 소중한 것은 겉으로 보이는 나라의 덩치 때문이 아니다. 고구려인은 세계 굴지의 국력과 자신감에서 오는 거침없는 상상력과 호방함, 외부 세계와의 거리낌없는 접촉에서 오는 문화적 다양성과 포용력을 갖추고 있었다. 남의 눈치를 보지 않고 자기 중심으로 살면서도 개방적인 생활 태도, 이것이야말로 고구려인이 가졌던, 그리고 우리가 물려받아야 할 진정한 자산이리라.

『한국생활사박물관』 3권 「고구려생활관」은 그러한 고구려의 경험을 되살려 내고 함께 나누는 기회가 될 것이다.

이 책의 도입부인 '야외전시'는 고구려 700년 역사의 흐름을 웅장한 사진과 함께 파노라마처럼 펼쳐 보여 준다. 주(主)전시실인 '고구려실'에서는 고도로 성숙한 문화인이었던 고구려인의 생활상을 흥미로운 구성과 생생한 사진·그림 자료로 정리했다. '특별전시실'에서는 하나의 소우주인 고구려 무덤 속을 수놓고 있는 별자리와 하늘 세계를 통해 고구려인의 풍부한 과학적 지식과 상상력을 확인하고 그들의 정신 생활 속에서 창조된 이상 세계를 살펴본다.

뒤이어 고구려 생활사와 관련된 여러 가지 주제들을 다양한 구성과 깊이 있는 해설을 통해 새롭게 이해할 수 있는 장치들이 기다리고 있다. '가상체험실'에서는 독자들이 고구려 고분을 설계하고 그 안에 벽화를 그리던 화가가 되어 고대의 예술 창조 과정을 체험할 수 있고, '특강실'에서는 주몽 설화와 광개토대왕릉비에 담긴 고대 동아시아 역사의 비밀을 찾아가는 흥미로운 강의가 펼쳐진다. 마지막으로 '국제실'에서는 고구려 벽화와 이집트, 폼페이, 둔황 등 세계의 벽화들을 비교 감상하면서 세계인의 문화 유산으로 떠오른 고구려 고분 벽화와 그것을 창조한 고구려인의 높은 문화 수준을 확인하게 될 것이다.

박물관은 옛날의 것, 이미 죽은 것을 전시하는 곳이다. 하지만 우리가 박물관을 찾는 까닭은 옛날이 있기에 오늘이 있고 죽은 것들 모두를 토양 삼아 우리의 삶이 이어지고 있기 때문이다. 따라서 박물관이 전시하는 '옛날'은 살아 있어야 한다.

우리 나라에는 참으로 많은 박물관이 다양한 표정으로 관람객을 맞고 있지만, 안타깝게도 그 안에 전시된 유물들은 차가운 유리 뒤에서 박제된 주검의 모습을 하고 있는 경우가 많았다. 그런 유물들을 바라보며 우리는 생각했다. 저 쇠바퀴 수레가, 저 수막새 기와가 벌떡 일어나 그것을 사용하던 사람들 손에 쥐어져 박물관을 누비고 다니는 모습을 볼 수 있다면, 그리하여 옛사람들의 총체적인 생활상을 한 편의 영화처럼 생생하게 들여다볼 수 있다면…….

바로 그런 문제 의식에서 기획된 '책 속의 박물관' 『한국생활사박물관』이 이제 셋째 권을 내게 되었다. 이 한 권의 책에 실린 600매의 원고와 120여 점의 컬러 그림, 50여 컷의 컬러 사진에는 '하나하나가 박사학위 논문'이란 말을 들을 만큼 많은 정성이 깃들여 있다. 우리는 앞으로도 숱한 도전이 기다리고 있는 것을 알지만, 선사 시대부터 현대에 이르는 우리 민족의 생활사를 오롯이 복원해 낼 때까지 지금의 걸음을 멈추지 않을 것이다. 독자 여러분의 따뜻한 격려와 매서운 질책을 함께 기다린다.

2001년 1월 한국생활사박물관 편찬위원회

고구려생활관안내

8

야 외 전 시
OPENING EXHIBITION

「고구려생활관」의 도입부로서, 우리 역사상 드물게 넓은 생활권을 가졌던 고구려 사람들의 700년 역사를 웅장한 사진과 함께 보여 준다. 봄·여름·가을·겨울을 상징하는 사신(四神)을 따라 고구려의 흥망성쇠를 살피다 보면, 영원히 우리 곁에 살아 있는 청년 고구려를 발견할 수 있을 것이다.

22

고 구 려 실
LIFE IN KOGURYO

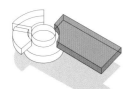

고구려는 흔히 알려져 있는 것처럼 정복을 일삼는 군사 국가도 기마 유목 국가도 아니었다. 우리 민족사의 다른 나라들처럼 고도로 발달한 문화 국가요 농경 국가였다. 다른 나라의 눈치를 보지 않고 호방하고 다양하게 펼쳐 나가던 고구려인의 생활 현장을 탐방한다.

64

특 별 전 시 실
SPECIAL EXHIBITION

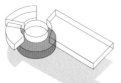

하나의 소우주인 고구려 무덤 속을 수놓고 있는 별자리와 하늘 세계는 고구려 사람들의 높은 과학 수준과 함께 그들이 꿈꾸던 이상 세계를 잘 보여 주고 있다. 그리스·로마 신화 뺨치게 풍부한 신화의 세계를 거닐며 고구려인의 세계관과 정신 생활을 살펴본다.

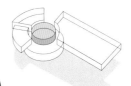

82
가 상 체 험 실
SIMULATION ROOM

유네스코가 세계문화유산으로 주목하면서 세계인의 예술품이 된 고구려 고분 벽화는 누가 어떻게 그렸을까? 우리 모두 5세기 중엽 남포의 쌍영총을 설계하고 그곳에 아름다운 벽화를 그리던 고구려의 벽화가(muralist)가 되어 고대의 예술혼을 발휘해 보자.

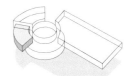

88
특 강 실
LECTURE ROOM

지금까지 살펴본 구체적인 생활상을 바탕으로 좀더 거시적인 주제를 깊이 있게 해설해 준다. 주몽 설화는 어떻게 고구려뿐 아니라 동북아시아의 으뜸 신화로 떠올랐을까? 동양 고대사의 비밀이 담긴 상자를 여는 열쇠, 광개토대왕릉비문에는 어떤 내용이 담겨 있을까?

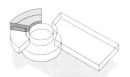

96
국 제 실
INTERNATIONAL EXHIBITION

세계 일등급의 고구려 고분 벽화는 그 예술성뿐 아니라 당시 생활상을 표현해 주는 사료로서의 가치도 일등급이다. 고구려 벽화와 함께 세계의 벽화들을 감상한다.

48 ■ 고구려 야회복 컬렉션

고 구 려 생 활 관

야외전시 OPENING EXHIBITION

고구려는 지금 우리에게 무엇인가?

「고구려생활관」의 도입부인 이곳 야외전시에서는 이 문제를 집중적으로 다룹니다. '천하의 중심'이라는 자부심을 가지고 자신감 넘치는 생활을 일구어 나갔던 고구려인의 700년 역사가 한 편의 다큐멘터리 영화처럼 펼쳐질 것입니다. 세상을 다 가진 것처럼 당당하면서도 문화적 다양성과 포용력을 잃지 않았던 고구려인. 그들의 호방한 삶은 과연 어떠한 조건과 배경에서 가능했는지, 오늘 우리가 계승해야 할 진정한 고구려의 유산은 어떤 것인지 살필 기회를 가져 보십시오.

동북아시아의 영산(靈山) 백두산 : 고구려는 단군 신화의 무대인 백두산(2,744m) 자락에서 성장하였다.
이처럼 백두산은 우리 민족의 성지일 뿐 아니라 한때 중국을 지배한 여진족이나 만주족도 성스러운 산으로 여겨
제사를 지냈던 곳이다. 여진족의 금나라는 이 산을 '영응산(靈應山)'으로 불렀고, 만주족의 청나라는
'장백산(長白山)'이라고 부르며 자기네 시조의 탄생지로 여겼다. 이런 사정 때문에 백두산은 18세기 조선과
청나라 사이에 영토 분쟁의 대상이 되어, 두 나라는 산의 정상인 장군봉 남동쪽 4km 지점에 '백두산 정계비'를 세웠다.
그 이후 백두산은 우리 나라와 중국의 국경을 가르는 지점이 되었다.

The Center of Universe

고구려의 시점에서 남쪽을 내려다본 지도.

천하의 중심 고구려

"하백(河伯)의 손자이며 해와 달의 아들인 추모성왕이 북부여에서 태어나셨으니, 천하 사방은 이 나라 이 고을이 가장 성스러움을 알지니."

이것은 모두루(牟頭婁)라는 고구려 사람의 묘지에 나오는 말이다. 모두루는 고구려의 전성기이던 5세기 전반 광개토대왕 시대에 지방 관리를 지낸 사람이다. 우리 민족사에 가장 강력한 이미지를 남긴 고구려인에게 자기 나라는 이처럼 천하 사방에서 가장 성스러운 곳이었다. 그들은 이 세상이 동북아시아, 중국, 내륙아시아라는 서로 대등한 3대 천하로 이루어져 있으며, 한반도와 만주를 포함한 동북아시아의 중심은 자기 나라 고구려라는 점을 안팎에 분명히 하였다. 지금부터 살펴볼 고구려인의 생활은 우리 것이 '천하 일류'라는 자부심과 호방함 속에 전개되었다. 바로 그러한 이유에서 지금부터 우리 민족에게 잊을 수 없는 꿈으로 간직되어 있는 고구려인의 세계로 안내한다.

春 꿈틀거리는 어린 용—고구려의 태동

고구려 고분들의 네 벽에는 사신도(四神圖)가 자리잡고 있다. 그 가운데 청룡은 봄의 약동을 상징한다. 그의 힘찬 몸짓처럼 강인한 기상을 가졌던 고구려인은 늘 웅비를 꿈꾸며 생활했다. 백두산에서 뻗어 내린 장백산맥 줄기에 졸본이라는 땅이 있었고, 그 동쪽 170km 지점 압록강 유역에는 국내성이 있었다. 이 지역에서 시작된 고구려인의 생활을 중국인은 이렇게 기록했다. "큰 산과 깊은 계곡이 많고 넓은 들판이 없어, 산골짜기에 의지해 살면서 골짜기에 흐르는 물을 먹고 산다. 기름진 농토가 없어 부지런히 농사를 지어도 먹고 살기 힘들다"(『삼국지』위서 동이전).

고구려의 발원지 졸본에 자리잡은 오녀산성 : 자연 절벽으로 이루어진 산성이 오녀산 정상에서 산자락 마을들을
굽어보고 있다. 그 산자락에 고구려 최초의 도성인 졸본성이 자리잡고 있었다. 이곳 졸본 지역에는 해발 1,100m 이상의
높은 봉우리가 64곳이나 있으며 크고 작은 하천 70여 줄기가 관내를 지난다. 또한 독특한 자원의 보고로 광산이 많고
숲이 울창하다. 졸본성은 현재 중국 랴오닝성의 환런(桓仁)현으로 만주족·조선족 등 14개 민족 30여만 명이 살고 있다.

졸본과 국내성은 모두 북위 41°에 걸쳐 있고 해발 1,000m가 넘는 험한 산들로 둘러싸여 있다. 연평균 기온은 5~7℃, 연평균 강수량은 850~
900mm 정도를 보인다. 중원이나 한반도 남부에 비하면 확실히 농경 문화가 발달하기에 좋은 조건은 아니다. 그러나 이런 환경은 고구려인을 주눅들
게 하기보다는 더욱 강인하게 단련시키는 훈련장이 되었다. 중국인은 고구려인을 일컬어 "사람들의 성질은 급하고 기력이 있으며 평소 전투를 익힌다"
(『후한서』 동이전 고구려조)고 말했다. 그렇지만 고구려인은 역사에 잠깐 등장했다가 사라져 간 기마 유목민이나 야만적인 침략 세력이 아니었다. 그들이
밖으로 뻗어 나간 것은 동북아시아 일대의 농경 지대를 확보하기 위해서였고, 그렇게 확보한 땅에 중국과 뚜렷이 구분되는 독자적인 색깔의 문명을 이
룩해 나갔다. 한반도와 요동벌을 향해 꿈틀거리는 어린 용 고구려. 그는 천하 일류의 농경 국가, 문화 국가를 꿈꾸며 날아오를 준비를 하고 있었다.

夏 날아오르는 주작(朱雀)—고구려의 팽창

주작은 팽창하는 여름의 기운을 상징한다. 역사에는 이 여름의 기운처럼 맹렬하게 뻗어 나갔던 영웅들이 있었다. 몽골의 칭기즈칸이 그랬고, 마케도니아의 알렉산더가 그랬다. 이들만큼 세계사에서 유명하지는 않지만 한민족에게도 그에 못지않은 영웅이 있었다. 그의 이름은 '국강상 광개토경 평안호태왕(國岡上廣開土境平安好太王)' — 줄여서 광개토대왕이라고 부르는 이 이름은 '나라를 튼튼히 한 위에 영토를 널리 개척하고 태평성대를 이룬 대왕' 이라는 뜻이다.

이 사나이가 시련의 바다를 헤쳐 나가던 고구려호의 선장이 된 것은 391년의 일이었다. 그때까지 고구려는 옛 고조선 지역에 뻗어 있던 한나라 세력과 싸워 독립을 확보하고, 북중국의 강자 전연(前燕)이나 남쪽의 신흥 강국 백제의 도전을

백암성(白巖城)의 치(雉)에서 : 중국 둥베이 지방의 랴오양(遼陽) 동쪽에 있는 고구려 성. 지금은 옌조우(燕州)성으로 불린다. 북쪽에는 개모성, 서쪽에는 요동성, 남쪽에는 안시성이 지켜 주는 성으로 길이는 2km 정도, 벽의 높이는 6~8m에 이른다. 북쪽 성벽에서 동쪽으로 1km 떨어진 곳에 내성의 하나인 점장대(點將臺)가 있다. 이 밖에도 중국 랴오닝성에 87곳, 지린성에 49곳, 북한 지역에 40여 군데의 고구려 성이 남아 있다. 돌로 쌓은 고구려 성의 견고함은 이 나라 사람들이 돌을 다루는 데 천재였음을 실감케 한다.

받느라 하루도 편할 날이 없었다. 그러나 4세기 후반 들어 불교를 받아들이고 국가 체제를 정비하면서 내공을 쌓던 고구려는 광개토대왕 때에 이르러 주체할 수 없다는 듯 그 에너지를 발산하기 시작했다. 남쪽으로는 백제와 가야를 치면서 한강 유역까지 진출하고 서쪽으로는 후연을 쳐서 요동벌을 차지했다. 바다 건너 일본도 고구려 앞에 벌벌 떨었고 중국이나 내륙아시아의 어떤 나라도 고구려에 대해서는 경의를 표했다. 이렇게 동북아시아의 패자로 등장한 고구려가 갖는 의미는 결코 그 영토의 크기에 있지 않다. 세계 굴지의 국력과 자신감에서 오는 거침없는 상상력과 호방한 생활 태도, 외부 세계와의 거리낌없는 접촉에서 오는 문화적 다양성과 포용력이야말로 대국 고구려의 국민이 가진 진정한 자산이었으리라. 여름 하늘을 향해 솟아오르는 듯한 고구려 성에서 그런 큰 정신이 현대 한국인에게는 어떻게 계승되고 어떻게 나타나야 하는 것인지 생각에 잠긴다.

◀ **대왕이여 영원하소서** : 광개토대왕릉비에는 1,775자 가량의 글자가 단 한 곳의 빈틈도 없이 채워져 있다. 그 치밀한 구성과 독특하면서도 힘있는 서체는 신라와 일본에까지 영향을 미쳤다. 비문은 크게 고구려 개국의 역사, 광개토대왕의 생애와 업적, 대왕의 무덤을 지키는 수묘인(守墓人) 제도에 관한 기록으로 구성되어 있다. 그 가운데 대왕의 생애에 관한 부분을 번역하면 다음과 같다. "(시조 주몽의)17세손에 이르러 국강상 광개토경 평안호태왕이 18세(391년)에 왕위에 올라 연호를 영락(永樂)이라 하였다. 대왕의 은택이 하늘에까지 ㅁ하고, 그의 위세는 온 세상에 떨쳤다. ㅁㅁ를 쓸어 없애니 백성은 편안히 그 직업에 종사하였다. 그러나 불행하게도 하늘이 돌보지 아니하여 39세(412년)에 세상을 버리고 나라를 떠났다. 그러므로 갑인년(甲寅年 : 414년) 9월 29일 을유(乙酉)에 산릉(山陵)으로 옮기고 비를 세워서 훈적(勳績)을 기록하여 후세에 알리고자 한다."

▶ **세계에서 가장 큰 비석** : 고구려 19대 광개토대왕의 업적을 기린 광개토대왕릉비는 각력응회암(角礫凝灰岩)으로 이루어진 4각의 돌기둥이다. 높이가 무려 6.39m에 이르러 세계에서 가장 큰 비로 꼽힌다. 이 비는 광개토대왕 당시 고구려 수도였던 국내성의 동쪽 언덕에 세워진 뒤 천년 넘게 잊혔다가 1880년경에야 다시 세상에 모습을 드러냈다. 비면에는 고구려사뿐 아니라 동북아시아의 일급 사료로 꼽히는 비문이 빼곡히 적혀 있다. 그 내용은 이 책의 '특강실'에서 살펴보게 될 것이다.

고구려의 여름은 길었다. 광개토대왕은 서른아홉 젊은 나이에 홀연 세상을 떠났지만 고구려의 팽창은 계속되었다. 그의 아들 장수왕은 남쪽으로는 한강을 넘어 아산만까지, 북서쪽으로는 라오허〔遼河〕너머까지 이르는 제국을 건설하였다. 이것은 고구려의 겉모습이다.
산이 높으면 골도 깊은 법. 고구려는 나라의 영토가 커지고 위세가 높아진 만큼 내적인 문화적 성숙도 깊고 그윽하게 이루어지고 있었다.

秋 포효하는 백호—고구려의 성숙

여기는 400여 년 간 '천하의 중심' 고구려의 '중심'으로 군림해 온 국내성이다. 오래된 도시답게 상당 부분을 죽은 자의 공간인 무덤이 차지하고 있다. 어떤 일본 학자의 말처럼 "고구려인은 땅의 절반은 주거지로, 절반은 무덤으로 사용하였다." 그런데 어느 날 고구려의 중심 세력이 이곳을 떠났다. 427년, 광개토대왕의 아들 장수왕은 한반도 북서부의 평양에 마련한 으리으리한 안학궁으로 거처를 옮겼다. 이것은 100년 전부터 추진해 온 고구려의 숙원 사업이었다. 이후 백제와 신라를 압도하고 중국 남북조와 세력 균형을 이룬 고구려 전성 시대의 중심지는 평양이었다.

중국 지린성 지안시(국내성)의 환도산성과 산성하 고분군 : 이런 고구려 시대의 무덤들이 지안에만 1만 2천여 기(基)나 있다.
그 가운데 2천 평이 넘는 천추릉을 비롯하여 장군총, 광개토대왕릉 등은 증축 전의 이집트 피라미드보다도 크다.
지어진 시기에 따라 적석총, 봉토석실분 등 종류도 다양하며, 임금의 무덤도 있고 귀족의 무덤도 있으며 평민의 무덤도 있다.

왜 그랬을까? 만주 벌판을 석권하고 중국 세력과 어깨를 겨루는 강국으로 발돋움하던 고구려가 왜 중원에서 멀리 떨어진 한반도 안으로 수도를 옮겼을까? 이 질문에 대한 답에 다른 동아시아 정복 국가들과 구별되는 고구려의 독특함이 배어 있다. 거란, 몽골, 만주족 등 북아시아의 유목 정복 민족들은 모두 중국을 최종 목표로 설정했고 대부분 중국을 지배했다. 그러나 그들은 곧 중국 문화에 동화되면서 서서히 역사의 무대에서 사라져 갔다. 그러나 이들 못지않았던 군사 대국 고구려는 굳이 중국을 목표로 할 필요가 없었다. 그들에게는 중국 못지않은 문화가 있었고 이런 문화를 지탱할 수 있는 확실한 근거지, 중국처럼 넓지는 않지만 풍요롭고 기름진 한반도의 농경 지대가 있었기 때문이다. 고구려는 위험을 무릅쓰고 중국과 일전을 겨루는 대신 자신의 텃밭에서 풍성한 가을의 수확을 즐기며, 가을의 성숙을 상징하는 백호처럼 만족한 포효를 터뜨리고 있었던 것이다.

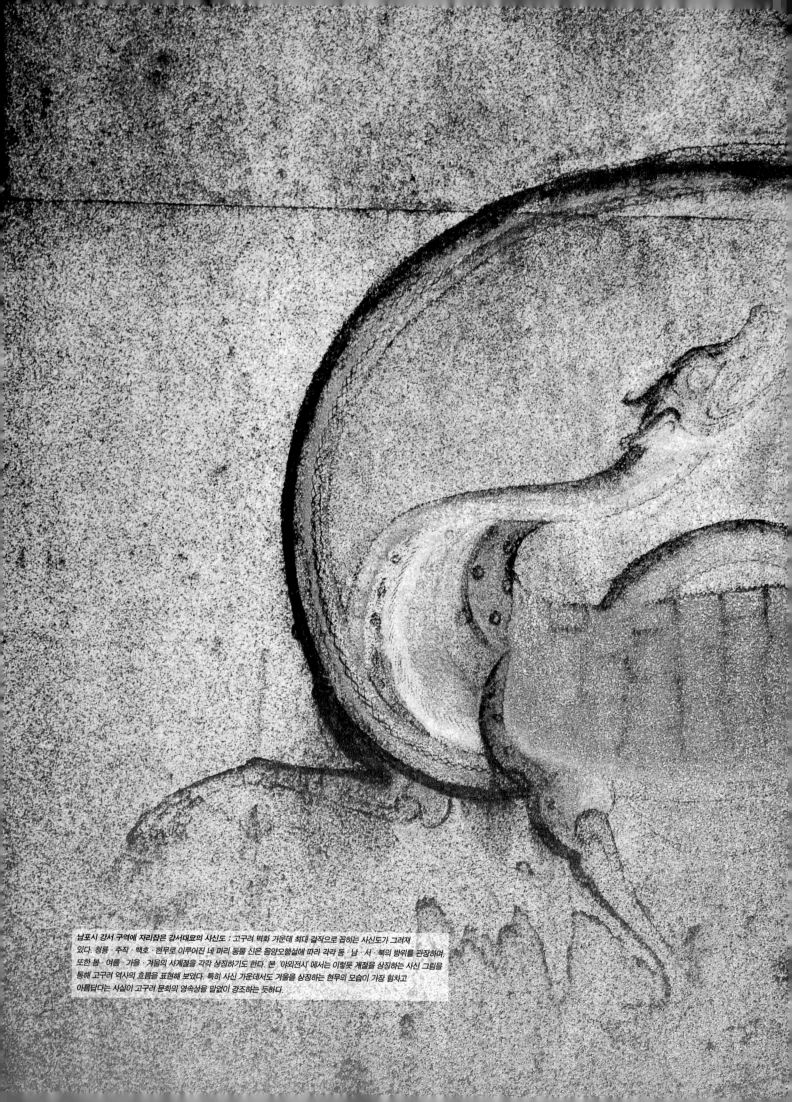

남포시 강서 구역에 자리잡은 강서대묘의 사신도 : 고구려 벽화 가운데 최대 걸작으로 꼽히는 사신도가 그려져
있다. 청룡 · 주작 · 백호 · 현무로 이루어진 네 마리 동물 신은 음양오행설에 따라 각각 동 · 남 · 서 · 북의 방위를 관장하며,
또한 봄 · 여름 · 가을 · 겨울의 사계절을 각각 상징하기도 한다. 본 야외전시 에서는 이렇듯 계절을 상징하는 사신 그림을
통해 고구려 역사의 흐름을 표현해 보았다. 특히 사신 가운데서도 겨울을 상징하는 현무의 모습이 가장 힘차고
아름답다는 사실이 고구려 문화의 영속성을 말없이 강조하는 듯하다.

冬

영생하는 현무

고구려의 부활을 꿈꾸며

고구려는 7백 년 역사 속에서 모두 143차례의 전쟁을 겪었다. 이 통계만 보고 역시 고구려는 살벌한 군사 국가라고 생각하는 사람은 왼쪽 그림을 보시라. 중국을 통일한 수·당의 침략에 시달리던 말기 고구려의 무덤 벽화라고 보기에는 너무도 젊고 생명력이 넘친다. 그래서 "고구려는 쇠퇴의 기미를 보이는 시점에서조차 한창 활기 넘치는 청년의 기상을 간직하고 있다"는 누군가의 말은, 적어도 문화적으로는 옳다. 세계의 어떤 미술품과 비교해도 손색 없는 이 걸작 앞에서 우리는 육체는 죽었지만 영혼은 영원히 살아 남은 문화대국 고구려를 본다. 겨울에 끝이 아니라 봄의 준비이듯이 고구려 문화도 무덤 속에서 화려한 부활을 준비하고 있다. 이제 독자는 이 책에서 힘자랑만 하는 근육질의 고구려인이 아닌 기품 있고 세련된 고구려인의 생활상을 기대해도 좋다.

고 구 려 생 활 관

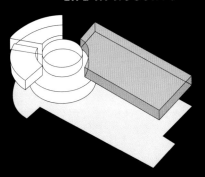
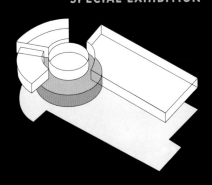
전시 PART 1

이곳에서는 고도로 성숙한 문화인이었던 고구려인의 삶을 두 전시실로 나누
어 보여 줍니다. '고구려실'에서는 활달하고 개방적이었던 고구려인의 생활
상을 흥미로운 구성과 생생한 사진 · 그림 자료로 정리했습니다.
이어 '특별전시실'에서는 하나의 소우주인 고구려 무덤 속을 수놓고 있는 별
자리와 하늘 세계를 통해 고구려인의 풍부한 과학적 지식과 상상력을 확인하
고 그들의 정신 생활 속에서 창조된 이상 세계를 살펴봅니다.

▲ **고구려 제1의 봉황산성** : 고구려 산성 가운데 가장 크다고 알려진 봉황산성(鳳凰山城)은 중국 랴오닝성 펑청(鳳城)시 동쪽에 자리잡고 있다. 성벽의 길이는 15km에 이르고 높이도 6~8m나 된다. 동쪽과 남쪽, 북쪽의 벽에 문이 있고 그 가운데 정문이라고 할 수 있는 남문을 들어서면 봉황성이라는 표지판이 있고 왼쪽 산비탈에 10여 m 높이의 '장대' 라는 바위산이 솟아 있다. 이 장대 위 바위에는 연개소문이 앉았다는 엉덩이 자국이 있고, 말 발자국과 소변 본 자리 등이 전설로 내려온다. 성안의 꾸청춘(古城村) 이라는 마을을 지나면 동북쪽에 동문이 나오고 그 왼쪽 산꼭대기에 봉화대가 있다.

고 구 려 실

LIFE IN
KOGURYO

산성의 나라 -고구려로 들어가며-

고구려로 들어가는 관문 봉황산성. 대륙 세력이 고구려 수도인 평양으로
들어가기 위해 압록강을 건너려면 먼저 이 성을 넘어야 했다. 중원을 통일한
여세를 몰아 고구려로 쳐들어온 당 태종은 이 험준한 요새를 공략하기는커녕
그 앞의 작은 안시성에서 엄청난 병력을 잃고 비참하게 돌아가야 했다.
이 같은 산성은 고구려의 상징이다. 산성이 없었다면 고구려도 없었을 것이다.
만주와 한반도 중북부의 산악 지대에는 170개가 넘는 성들이 우뚝 서 있어
이 세상에 고구려라는 나라가 존재했었다는 것을 웅변해 준다.
고구려에는 왜 그토록 많은 산성이 있었을까?
봉황산성의 경우가 말해 주듯이, 산성은 방어용 시설이다. 아니, 산성이든
도성이든 성(城)이라는 것 자체가 본래 '적을 막기 위하여 흙이나 돌로 높이
쌓은 큰 담'이다. 청동기 시대 들어 인간 집단 사이에 갈등과 대립이 일어나자,
마을들은 높은 지대로 올라가 주위에 방어용 울타리를 치기 시작했다.
이 울타리는 처음에는 나무로 만들어졌으나 고조선 들어 왕검성처럼 흙을
다져 쌓는 토성으로 발전하고, 고구려에 이르면 수만 개의 돌을 쌓아 올린
견고한 석성으로 된다. 이것은 그만큼 나라 사이의 전쟁도 엄청난 규모로
커졌음을 뜻한다.
고구려가 높은 산에 성을 쌓은 데는 이 나라가 험준한 장백산맥 줄기를 끼고
태어났다는 지리적 요인도 있었다. 주몽이 나라를 세운 오녀산성이나 압록강변의
환도산성, 대동강변의 대성산성 등이 모두 산 아래 마을들의 안녕을 위해
사방을 굽어보고 있었다. 대규모 전쟁이 끊임없이 일어나던 시대에 산성은
고구려인의 보호자요 삶의 반려였다.
고구려라는 나라 이름의 '구려(句麗)'도 성이나 고을을 뜻하는 '구루'에서 왔고,
여기에 '높을 고(高)'자를 붙인 것이다. 이름부터 '성의 나라'였던 고구려 사람들은
수많은 무덤 속에서 영원히 잠자고 있지만, 그들이 쌓은 성은 1,500년 세월의
무게를 견디고 살아 남아 그들 삶의 체취를 전하고 있다. 소년의 키를 몇 배나
훌쩍 넘는 저 성벽 너머에 그 옛날의 고구려 마을이 숨쉬고 있다.

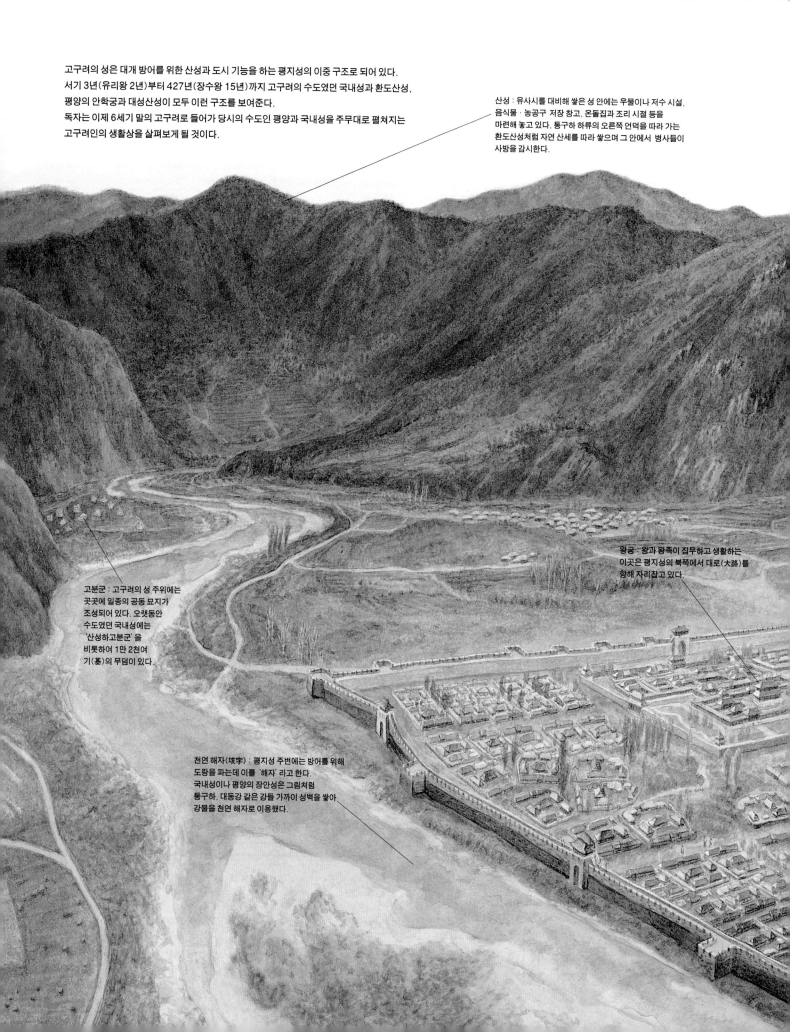

고구려의 성은 대개 방어를 위한 산성과 도시 기능을 하는 평지성의 이중 구조로 되어 있다.
서기 3년(유리왕 2년)부터 427년(장수왕 15년)까지 고구려의 수도였던 국내성과 환도산성,
평양의 안학궁과 대성산성이 모두 이런 구조를 보여준다.
독자는 이제 6세기 말의 고구려로 들어가 당시의 수도인 평양과 국내성을 주무대로 펼쳐지는
고구려인의 생활상을 살펴보게 될 것이다.

산성 : 유사시를 대비해 쌓은 성 안에는 우물이나 저수 시설,
음식물·농공구 저장 창고, 온돌집과 조리 시절 등을
마련해 놓고 있다. 통구하 하류의 오른쪽 언덕을 따라 가는
환도산성처럼 자연 산세를 따라 쌓으며 그 안에서 병사들이
사방을 감시한다.

왕궁 : 왕과 왕족이 집무하고 생활하는
이곳은 평지성의 북쪽에서 대로(大路)를
향해 자리잡고 있다.

고분군 : 고구려의 성 주위에는
곳곳에 일종의 공동 묘지가
조성되어 있다. 오랫동안
수도였던 국내성에는
'산성하고분군' 을
비롯하여 1만 2천여
기(基)의 무덤이 있다.

천연 해자(垓字) : 평지성 주변에는 방어를 위해
도랑을 파는데 이를 '해자' 라고 한다.
국내성이나 평양의 장안성은 그림처럼
통구하, 대동강 같은 강들 가까이 성벽을 쌓아
강물을 천연 해자로 이용했다.

성과 성 사이 -'천하의 중심'에서 살아가는 사람들-

뒤로는 깎아지른 듯 힘준한 산을 등지고 있고 앞으로는 강이 흐른다. 높은 산 위에는 보기에도 육중한 돌로 견고하게 성벽을 쌓은 산성(山城)이 아스라이 보이고, 그 아래 넓은 분지에는 늘 분주하게 사람들이 오가는 정치·경제·종교의 중심지, 평지성(平地城)이 자리잡고 있다. 그리고 저 멀리 산과 산 사이 계곡 가에는 작은 하천이 흐른다. 그 주위에는 강가의 기름진 토지에 농사를 짓고 사냥과 고기잡이로 생활해 나가는 사람들이 고을을 이루고 오순도순 평화롭게 살아가고 있다. 그러나 외국 군대의 침입과 같은 비상 사태가 발생하면 사람들은 주저 없이 이 소중한 삶의 터전을 등지고 산성으로 올라간다. 그것은 자기 고을을 버리기 위해서가 아니라 지키기 위해서이다. 산성은 외적의 접근을 막고 그들이 물러갈 때까지 힘을 합쳐 싸우는 고구려인의 요새이다.

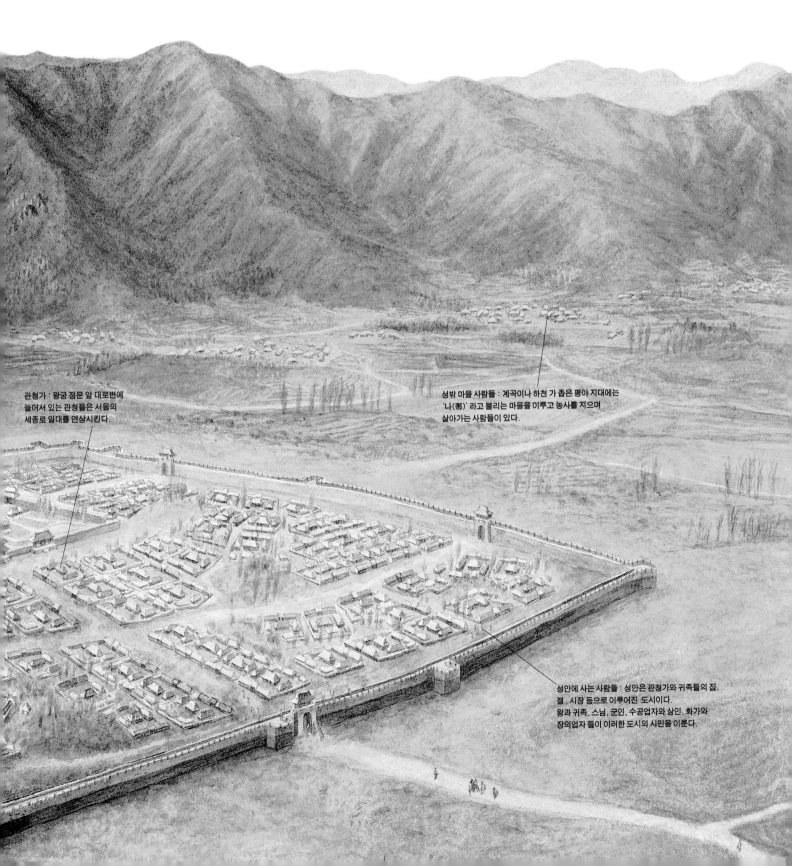

관청가 : 왕궁 정문 앞 대로변에 늘어서 있는 관청들은 서울의 세종로 일대를 연상시킨다.

성밖 마을 사람들 : 계곡이나 하천 가 좁은 평야 지대에는 '나(那)'라고 불리는 마을을 이루고 농사를 지으며 살아가는 사람들이 있다.

성안에 사는 사람들 : 성안은 관청가와 귀족들의 집, 절, 시장 등으로 이루어진 도시이다. 왕과 귀족, 스님, 군인, 수공업자와 상인, 화가와 장의업자 들이 이러한 도시의 시민을 이룬다.

성밖 마을 사람들

세상이 아무리 변해도 변하지 않는 것이 있다. 날로 번창하는 고구려에 으리으리한 성들이 많이 들어섰지만, 고구려 건국의 요람이 되었던 마을들은 여전히 성밖에서 묵묵히 농사를 짓고 쇠를 달구는 사람들의 터전이었다. 여기가 바로 고구려인의 생활이 시작되는 곳이다.

기원전부터 혼강 유역의 졸본 지역과 압록강 유역의 국내성 지역에는 계곡 사이를 흐르는 하천과 평야를 따라 '나(那)'라고 불리는 마을들이 있었다. 북만주에 있던 나라 부여에서 내려온 주몽 세력은 이 마을들을 기반으로 하여 고구려를 세웠다. 마을들은 서로 합치고 커져서 고을이 되었으며, 여러 고을 가운데 중심이 되는 고을 주위에는 평지성이 세워졌다. 그리고 성안의 '도시'와 성밖의 '농촌'이라는 구별이 생겨나게 되었다.

마을 | 세상은 나(那)를 중심으로 돌아간다

고구려는 농업 국가이다. 번쩍이는 철갑 옷을 입고 만주 벌판을 달리는 병사들이 아무리 나라의 위신을 높여도, 그들을 먹여 살리면서 나라를 밑에서 떠받치고 있는 것은 농민들이다. 고구려가 끊임없이 영토를 넓혀 가는 것도 사실은 안정된 농업 생산을 확보하기 위해서가 아닌가?

성밖에 자리잡은 마을 '나'는 이처럼 나라의 기초를 이루고 있는 농민들의 생활 터전이다. 성밖의 그들이 평화로우면 성안이 평화롭고, 그들이 흔들리면 성안도 흔들린다.

'천하의 중심' 고구려는 오늘도 '나'를 중심 축으로 삼아 움직이고 있다.

수레 : 고구려는 운송 수단으로 수레가 많이 쓰인 나라였다. 그만큼 도로도 잘 닦여 있었던 것으로 추정된다. 수레는 주로 소가 끌었고, 왕과 귀족외 외출할 때는 가마가 아닌 수레를 타고 다녔다.

토기 굴뚝 : 바닥 없는 토기를 거꾸로 엎어서 만든 독특한 모양의 굴뚝. 삼국 시대에 널리 쓰였다.

다락 창고 '부경' : "나라에 큰 창고가 없으며 집집마다 각기 조그만 창고를 가지고 있었는데 이를 부경이라고 한다"(『삼국지』위서 동이전).

맛 좋은 '쇠머리표' 햇곡식 ● 사람 좋은 농부 용대(가명)가 상을 찡그리고 있는 모습을 마을 사람들은 처음 보는 것 같다. 하지만 그 이유를 알고서는 모두들 피식 웃는다. 농사가 잘 되는 바람에 지난해에 지은 다락 창고를 더 넓게 뜯어고치지 않으면 안 될 형편인 것이다.

국내성 같은 산악 지대에서 농사를 지으면 얼마나 짓겠느냐고 했다가는 큰코 다친다. 용대네 창고에서는 쇠머리에 흰 도포 자루를 입은 괴물이 오른손에 벼처럼 보이는 이삭을 들고 있는 그림을 볼 수 있다. 지난해에 질 좋은 햇곡식을 화가에게 주고 얻은 것인데, 이 그림 속의 괴물이야말로 고구려 농민들의 수호신인 '농업신'이다. 그 신이 '벼이삭'을 들고 있을 만큼 고구려에서는 평양 주변과 황해도 일대, 그리고 랴오둥 지방을 중심으로 벼농사를 짓는다.

그러나 548년(양원왕 4년) 가을 환도성에서 좋은 쌀을 평양에 진상한 사례처럼(『삼국사기』) 맛 좋은 쌀은 대개 특권층 차지이고, 일반 백성은 쌀보다는 좁쌀을 주식으로 먹는다.

창고 고칠 일은 아득하지만 수레에 가득 햇곡식을 싣는 용대의 손에는 잔뜩 힘이 들어간다.

'나'의 안정이 나라의 안정 ● 풍년이 든다고 마을 사람들이 똑같이 넉넉해지는 것은 아니다. 고구려에서도 그런 공동체 시절은 지나갔다. 평화로워 보이는 농촌 사회에도 빈부 격차가 생기기 시작한 지 오래이다.

고국천왕은 어느 해 10월 사냥을 나가다가 길에 앉아 울고 있는 젊은이를 만났다. 왜 우느냐고 묻자, 젊은이는 대답했다. "저희 집은 가난하여 늘 제가 품을 팔아 어머니를 봉양해 왔습니다. 그런데 올해에는 흉년이 들어 품 팔 곳이 없어 양식을 얻지 못하는 바람에 이렇게 울고 있습니다."

이 젊은이처럼 가난 때문에 땅 한 뙈기 없이 남의 품을 팔아서 살

▲ 쇠머리를 한 농사의 신 : 중국 지린성 오회분 5호묘 벽화(6세기). 흰 뿔, 푸른 눈에 쇠머리를 한 농업신이 오른손에 벼이삭처럼 보이는 풀을 들고 달린다. 옷자락과 몸짓에서 힘찬 움직임이 느껴진다. 중국에는 농사를 가르친 신농(神農)씨라는 신이 있었다.

수밖에 없는 사람이 생겨난 것이다. 4세기에는 나중에 미천왕이 되는 을불이 수실촌이라는 마을의 음모라는 사람의 집에서 더부살이를 하다가 일년 뒤 떠났다는 기록이 보인다. 일종의 머슴살이를 했던 것이다. 이런 사람들이 더 몰락하여 빚을 갚지 못하게 되면 노비로 전락할 수밖에 없다.

왕궁으로 돌아온 고국천왕은 현명한 재상 을파소에게 젊은이 이야기를 했다. 그러자 을파소는 봄에 곡식을 꾸어 주고 추수한 뒤에 약간의 이자를 붙여 거두어들이는 진대법을 실시하자고 건의했다. 왕은 이를 받아들여 진대법을 실시했다. 가난한 농민들이 모두 몰락하는 것은 농업에 근거한 국가의 안정을 위협하는 일이기 때문이다.

많은 농민들이 될 수 있는 한 자기 땅을 갖고 스스로 생계를 꾸려 갈 수 있는 농촌 사회. 그것이 농업 국가 고구려가 생각하는 가장 이상적인 사회의 모습이었다.

▲ 다락 창고 : 경상남도 창원 다호리에서 출토된 집 모양 토기. 가야 유물이지만 고구려의 다락 창고 모양을 추측하게 해준다. 다락 창고는 습기나 짐승의 습격을 피해 평지보다 높게 지었다. 『삼국지』 위서 동이전에서는 이런 창고를 '부경'이라고 했다.

◀ 초가집일까요, 기와집일까요 : 해방 전 평양에서 출토된 집 모양 토기. 높이 8cm. 고구려의 가옥 형태를 짐작하게 해준다. 우진각 지붕의 단칸집으로 창문과 출입문이 표시되어 있다. 추운 지방인 만큼 열 손실을 줄이기 위해 창이 작은 것이 특징이다.

대장간 : 철제 도끼로 땔감 나무를 쪼개는 사람 왼쪽으로 쇠를 벼리는 대장장이가 보인다. 철기가 널리 쓰이면서 이처럼 수공업자인 대장장이가 등장했다.

▲ **대장장이들의 우상 야철신(冶鐵神)** : 중국 지린성 오회분 4호묘 벽화(6세기). 대장간에서 철을 제련하는 동작을 사실감 넘치게 묘사했다. 오회분 4호묘 벽화에는 농업신, 수레신 등 생활과 관계된 여러 신들이 등장하여 사람들의 상상력을 자극한다.

▲ **쇠로 만든 정(왼쪽 3개)과 끌** : 아차산 제4보루에서 출토된 철제 농공구. 정으로는 돌을 쪼아 다듬거나 구멍을 뚫고, 끌로는 나무에 구멍을 파거나 나무를 깎고 다듬었다.

▶ **철제 가위** : 평양시 대성 구역에서 출토된 철제 가위. 길이 17cm. 한때 고구려가 점령했던 한강 이남의 몽촌토성에서도 비슷한 가위가 출토된 적이 있다. 고구려인은 이 가위를 옷감을 자르는 데 주로 썼을 것으로 보이며, 머리나 수염을 다듬는 데도 사용했을 것이다.

▼ **고구려에도 철제 보습이** : 고구려가 한강으로 진출하는 전진 기지로 사용했던 아차산 제4보루에서 발견된 철제 보습. 높이 44.4cm. 병영 부근에서도 쇠보습으로 농사를 지었던 것이다. 이곳에서 약간 떨어진 구의동 보루에서 발견된 화살촉과 도끼의 성분을 분석한 결과, 당시의 철강은 탄소 함량이 0.86%에 이르는 고탄강으로 오늘날의 공구강 수준에 맞먹는 강도를 지니고 있었다.

철이 있음에 ● 농부 용대의 막내아들과 대장장이 을로(가명)의 막내딸이 입씨름을 하고 있다. 서로 자기 아버지가 잘났다는 싸움인데, 아무리 보아도 용대 아들이 상대가 되지 않는다. 이 녀석의 입장은 자기 아버지가 농사를 짓지 않으면 모든 사람이 굶어죽는다는 것이다. 을로 딸의 반론을 들어 보자.

"그 농사를 뭘로 짓는데? 옛날에는 나무나 돌로 만든 쟁기나 괭이로 땅을 파고 씨를 심었어. 그걸로 조금씩 거두는 농작물을 누구 입에 붙일 수 있겠니? 우리 아버지가 만드는 쇠쟁기로 땅을 갈면 힘도 덜 들고 땅 속 깊이 갈 수 있어서 짧은 시간에 더 많은 일을 할 수 있어. 또 사람보다 힘이 센 소에 쟁기를 매어 밭갈이도 할 수 있지.

너, 반달 돌칼이라고 들어 봤어? 옛날엔 곡식을 추수할 때 이걸로 이삭에 붙어 있는 낟알만 훑었대. 하지만 지금은 우리 아버지가 만드는 쇠낫으로 한꺼번에 여러 포기를 줄기째 베어낼 수 있잖아. 그러니까 짚으로 지붕도 잇고 멍석도 짜고 소도 먹이고, 얼마나 좋아! 게다가 쇠로 만든 괭이나 도끼를 쓰면 가뭄이 들 때 논밭에 물을 대는 저수지도 쉽게 만들 수 있어."

용대 아들은 입을 다물고 두 손을 바짝 들었다.

대장장이 세상 ● 고구려보다 몇백 년 앞선 청동기 시대에 그리스에서는 여러 도시국가들이 아기자기한 고대 문명을 꽃피웠다. 이 그리스 사람들도 고구려 사람들 못지않게 많은 신을 가지고 있었다. 그런데 그들의 탁월한 점은 남들이 멸시하는 대장장이를 신으로 떠받들었다는 것이다. 헤파이스토스라는 이 신은 얼굴도 못생긴데다 절름발이지만, 여러 조수들을 데리고 올림푸스 산정에 신들의 궁전을 세우는 등 빛나는 업적을 많이 쌓았다.

바로 그런 대장장이의 신이 고구려에도 있다. 그리스보다 한 단계 높은 고구려의 철기 문화는 철을 다루는 신을 탄생시켰다. 이 '야철신(冶鐵神)'은 헤파이스토스하고는 비교할 수 없을 만큼 세련된 면모를 갖추고 있다. 용모도 준수하고 점잖게 상투를 틀었으며 고급스러운 검정색 옷을 입고 있다. 무릎 아래로 내민 다리는 어찌도 그리 날씬한지. 어쩌면 쇠머리를 한 농업신보다 서열이 높을지도 모른다.

대장장이 같은 기술자를 우대하는 그리스나 고구려는 선진국 자격이 있다. 나아가 고구려에는 그리스에도 없었던 기술의 신이 또 하나 있다. 그 신의 이름은 '바퀴신'이다.

소달구지 덜컹대는 길 ● 사람들은 처음에 대장장이 을로가 왜 히죽히죽 웃는지 알 수 없었다. 친구 용대가 몰고 가던 소달구지 바퀴가 잔뜩 실은 짐의 무게를 이기지 못하고 찌그러져 모든 사람이 걱정을 하고 있는 판국인데.

을로는 쇠로 만든 바퀴살을 흔들며 용대에게 다가가 농을 걸었다. "바퀴신이 노하신 게야. 작물을 이렇게 많이 거둬들이면서도 낡은 나무 바퀴를 쓰는 게 얄미워서 말야."

용대는 을로가 밉지만 그 손에 들린 쇠바퀴살에는 왠지 끌린다. '그놈 참 딴딴해 뵌다. 이참에 나도 쇠바퀴로 바꿀 수만 있다면……'

그러나 용대 같은 농사꾼은 아무리 가을걷이가 많아도 쇠바퀴를 쓸 수가 없다. 그런 '고급' 바퀴는 성안에 사는 귀족들의 외출용 수레에나 장착할 수 있는 기종이기 때문이다. 고조선 때 등장한 수레는 고구려에서도 운송수단으로 널리 이용되었다. 열여덟 군데의 고구려 고분 벽화에 40대의 수레 그림과 4개의 수레바퀴 그림이 남아 있다. 고구려가 망한 뒤 사람들이 당나라로 끌려갈 때 수레 1,080대가 함께 징발되어 갔다는 기록도 있다. 실학자들이 조선 사회에 수레가 없다고 개탄한 걸 보면, 고구려는 꽤나 수준급의 운송 문화를 가지고 있었던 모양이다.

자가용에서 오락까지 ● 수레의 역사는 아주 오래되었다. 인류가 수레를 사용하기 시작한 것은 기원전 3천 년경 메소포타미아 지방으로 거슬러 올라간다. 고대 중국에서는 지식인이 반드시 갖추어야 할 육례(六禮) 가운데 하나로 수레 모는 기술인 어(御)를 꼽았다.

고구려에서 이러한 수레의 쓰임새는 아주 많았다. 농민들이 농작물 같은 짐을 옮길 때는 소달구지로, 귀족들이 외출할 때는 '자가용'으로 다양하게 쓰였다.

외출용 수레는 신분이나 직능에 따라 모양도 달랐던 것 같다. 덕흥리 고분 벽화의 행렬도를 보면, 무덤 주인인 유주자사의 수레가 부하 관료의 수레보다 더 크고 멋도 더 냈다.

무용총 벽화의 수레(아래 그림)는 스님이 탄 것으로 보이는데, 제법 큰 쇠바퀴가 달려 있고 튼튼한 소가 끌고 있을 뿐 아니라 장식도 화려하다. 을로가 들고 있던 쇠바퀴살은 이런 높은 분들에게만 납품하던 것이다.

이렇게 수레가 보급되다 보니 수레바퀴를 이용한 오락도 등장한다. 장천 1호분과 수산리 고분 벽화에는 수레바퀴와 막대, 공을 던지고 받는 재주를 부리는 사람들이 보인다.(53쪽 참조)

일상의 교통에서부터 삶의 여흥을 돋우는 서커스장까지, 수레는 고구려인의 반려였다.

___유럽보다 천년을 앞선

⊙ 동아시아의 철기 문화

청동기에 이어 새롭고 차원 높은 문명을 가져온 철은 인류 역사의 발전에 가장 큰 기여를 한 발명품 중 하나이다. 최초에 철기는 지구로 떨어진 운석에서 만들어졌다. 그 후 기원전 1400년에 이르러 히타이트족이 본격적으로 철로 된 무기와 도구를 만든 이래, 많은 문명권이 철기 시대로 들어가게 된다.

철을 만드는 방법은 크게 '두드려서 만드는' 단조(鍛造)와 '용광로에 녹여서 만드는' 주조(鑄造)로 나뉜다. 단조는 철광석을 반쯤 녹은 상태의 해면철로 만든 뒤 이것을 두드려서 형태를 만든다. 반면 주조는 철광석을 완전히 녹여서 거푸집에 부어넣는다.

중국·고구려 등 동아시아에서는 처음부터 단조와 주조가 함께 행해진 반면, 기술 발전이 더뎠던 유럽에서는 단조로만 철기를 만들다가 13세기가 되어서야비로소 주조법을 터득하게 된다. 주조로 철을 만들기 위해서는 철광석에서 철을 완전히 녹여 낼 수 있는 높은 온도의 열이 필요하다. 동아시아 각국은 일찌감치 풀무를 사용하여 1,200℃에 달하는 고온을 내는 기술을 발달시켜 유럽보다 천년을 앞서 갔다.

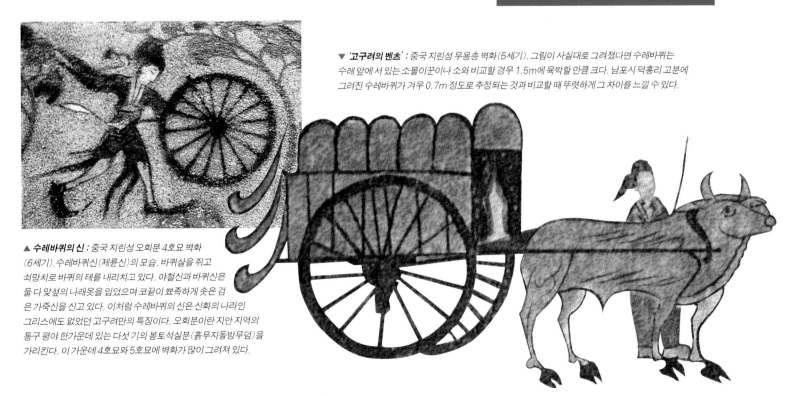

▼ **'고구려의 벤츠'** : 중국 지린성 무용총 벽화(5세기). 그림이 사실대로 그려졌다면 수레바퀴는 수레 앞에 서 있는 소몰이꾼이나 소와 비교할 경우 1.5m에 육박할 만큼 크다. 남포시 덕흥리 고분에 그려진 수레바퀴가 겨우 0.7m 정도로 추정되는 것과 비교할 때 뚜렷하게 그 차이를 느낄 수 있다.

▲ **수레바퀴의 신** : 중국 지린성 오회분 4호묘 벽화(6세기). 수레바퀴신(제륜신)의 모습. 바퀴살을 쥐고 쇠망치로 바퀴의 테를 내리치고 있다. 야철신과 바퀴신은 둘 다 맞섶의 나래옷을 입었으며 코끝이 뾰족하게 솟은 검은 가죽신을 신고 있다. 이처럼 수레바퀴의 신은 신화의 나라인 그리스에도 없었던 고구려만의 특징이다. 오회분이란 지안 지역의 통구 평야 한가운데 있는 다섯 기의 봉토석실분(흙무지돌방무덤)을 가리킨다. 이 가운데 4호묘와 5호묘에 벽화가 많이 그려져 있다.

가을걷이도 끝내고 수확물을 실어다 다락 창고에 저장하는 일도 끝냈다. 성밖 마을 사람들이 하나 둘씩 집으로 돌아간다. 압록강에서 불어오는 바람이 제법 차다. 사람들의 지게나 수레에는 더러 넓적한 돌이 얹혀 있다. 닥쳐올 겨울을 대비해 구들을 새로 놓기 위해서이다.

입식 부엌에 침대 있는 방 ● 성밖 마을에는 땅 위에 지은 초가집들이 많다. 그 옛날 땅을 반쯤 파들어간 움집에 살 때는 땅에서 나오는 열 때문에 어느 정도 보온 효과를 기대할 수 있었다. 그러나 이제는 바깥의 찬바람이 사정없

이 밀고 들어온다. 그래서 마을 사람들은 고조선 시대에 화덕 대신으로 발명되어 전해 내려온 쪽구들을 끊임없이 개량해 왔다(아래 사진).

쪽구들은 바닥 전체에 구들을 까는 전통 한옥의 온돌보다는 오히려 서양식 벽난로에 가깝다. 따라서 사람들은 뜨끈뜨끈한 온돌방에서 몸을 지진 것이 아니라 쪽구들 옆 한 단 낮은 바닥에서 생활한다. 이런 찬 바닥에 그냥 앉거나 누울 수는 없으므로 낮은 평상을 만들어 사용하기도 한다(오른쪽 고분 벽화). 성밖 마을 사람들은 평상이나 의자를 이용하는, 이를테면 '서양식' 입식 생활을 한 것이다.

물이 새지 않는 토기 ● 쪽구들 옆에 놓인 항아리들을 보자. 요즘 사용하는 옹기와 닮아 고구려인도 옹기를 썼구나 하고 감탄하게 된다. 하지만 이것은 옹기가 아니다. 옹기는 찰기 있는 진흙으로 모양을 만들어 그늘에 말린 뒤 재로 만든 유약을 묻혀 900~1100℃로 구워 낸 것이다. 그렇다면 저 많은 항아리는 무엇인가?

이 항아리들은 '경질 토기', 즉 단단한 재질의 토기이다. 만드는 방법과 굽는 온도가 옹기와 비슷하지만 유약은 바르지 않는다. 600℃ 정도에서 굽던 이전 토기는 물을 부으면 금세 새버려 수분 있는 음식을 담기 어려웠다. 그래서 짐

철솥 : 아랫부분이 뾰족한 솥을 구들에 얹고 물을 부은 다음 그 위에 시루를 놓고 곡식을 쪄 먹었다.

시루 : 음식물을 쪄서 익히는 그릇으로 바닥에는 구멍이 뚫려 있고 몸체에는 띠고리 손잡이를 달았다.

온돌 : ㄱ자형과 직선형 두 가지가 있으며 외고래식으로 길이 30cm, 폭 10~15cm 가량의 판석을 세워 벽체를 만들고, 그 위에 역시 납작하고 긴 판석으로 뚜껑을 덮은 모양이다.

▼ 부엌이 아니라 방의 일부입니다 : 고구려 농가 유적을 복원한 것이 아니고 아차산 보루에서 발견된 온돌방을 토대로 재구성한 주거 공간의 모습이다. 이곳은 군인 막사였지만, 쪽구들의 모양이나 각종 토기와 농기구들이 놓여 있는 모습으로 볼 때, 당시 민가도 이와 크게 다르지 않은 구조였으리라 짐작된다. 이곳은 부엌으로 독립되어 있었던 것이 아니라 전체 방의 일부였다. 배치된 유물로 볼 때 토기가 매우 광범위하게 쓰였다는 것을 알 수 있다. 저장용, 조리용, 배식용, 운반용으로 쓰인 고구려 토기는 지금까지 모두 24종이 알려져 있다.

동이(大鉢) : 자배기 또는 버치라고 부르며 음식물 조리 준비용이다. 고구려인이 가장 많이 쓰던 토기의 하나이다.

항아리(壺) : 둥근 몸체에 짧은 목이 달린 그릇으로 고구려 유적에서 가장 많이 출토되는 유물이다.

바리 : 개인용 식기로 쓴다. 고구려 초기부터 사용했으며 오늘날의 사발과 같은 형태를 보인다.

접시 : 납작한 바닥에 테두리가 얕은 형태의 토기로 사발과 함께 개인용 배식기로 사용했다.

승 가죽에 물을 담아 사용했지만, 크기가 작아 많은 양의 물이나 수분 있는 음식을 담기에는 여간 불편하지 않았다. 물 안 새는 경질 토기를 발명한 뒤로, 고구려 집의 부엌이나 우물가에는 발효 음식을 담은 항아리들이 즐비하게 되었다.

고구려의 맛, 간장 ● 경질 토기가 생겨나면서 고구려인의 식사 시간은 더욱 즐거워졌다. 구수하면서 짠맛이 나는 음식들이 밥상을 가득 채우기 때문에 차좁쌀로 찐 밥에서 느끼던 거칠한 느낌이 달콤한 맛으로 변했다. 이렇게 음식 맛이 좋아진 비결은 콩으로 메주를 만들어 토기에 담은 뒤 소금물을 부어 발효시킨 간장에 있다.

고구려인은 콩을 삶아서 메주를 만든다. '며주'라 불리는 이 메주는 소금물에 들어가야 온전히 발효가 되어 간장으로 변한다. 경질 토기에서 1년 이상 묵힌 간장은 그 맛이 소금보다도 짜다. 값이 무척 비싼 소금으로 몇 배 분량의 짠

▲ **평상 위의 선인(仙人)** : 중국 지린성 무용총 벽화(5세기). 비교적 넓은 평상 위에서 선인이 한 팔을 뒤로 젖힌 채 편안히 쉬고 있다. 이 그림은 성안 귀족들의 생활을 형상화한 것이지만, 성밖의 서민들도 이와 비슷한 입식 생활을 했다. 쪽구들로는 방바닥을 데울 수 없었기 때문에 이 같은 입식 문화가 발달할 수밖에 없었다.

맛을 내는 간장을 만들어 내는 고구려인의 솜씨는 이웃한 중국인이 '선장양(善藏釀 : 발효 식품을 잘 담근다)'이라고 할 만큼 부러움을 사고 있다.

이런 간장은 돼지나 노루 고기를 절이는 데도 쓰인다. 요즘의 쇠고기 장조림과 비슷한 이 음식은 고기의 단백질이 간장과 만나 간장 맛을 달콤하게 하고 고기의 육질도 부드럽게 해주어 손님이 오면 특별히 내놓는 비장의 음식이다. 그래서 간장 항아리가 몇 개 있느냐에 따라 그 집의 살림살이 규모를 짐작하기도 한다.

◀ **나팔입 항아리** : 서울 몽촌토성 출토. 높이 59cm. 고구려 토기의 가장 특징적인 기종으로 나팔처럼 벌어진 긴 목과 네 개의 띠고리 손잡이가 특색이다. 이런 항아리는 보통 제사나 의례용으로 썼지만, 이 유물은 저장 등 실생활에도 썼던 것으로 보인다.

◉ '맛의 해결사' 소금의 역사

육류의 부패를 방지하고 음식 맛을 내는 데 반드시 필요한 소금은 동서고금을 막론하고 귀한 대접을 받았다. 성경에도 '빛과 소금'이라는 말이 나오고, 로마 시대에는 병사들에게 급료로 소금을 주기도 했다.

『삼국지』 위서 동이전에는 동해안에 있는 옥저에서 어염(魚鹽), 즉 물고기와 소금을 멀리 운반하여 고구려에 공급했다는 기록이 나온다. 이것이 우리 나라에서 처음 나타나는 소금에 관한 기록이다. 미천왕이 된 을불은 한때 성밖 마을에서 소금 장수를 하며 살아가기도 했다. 신라나 백제도 해안 지방에서 소금을 얻었을 것으로 추측된다. 고려 시대에는 '도염원'을 두어 소금을 국가에서 관장하면서 직접 제조ㆍ판매하였다. 조선 시대에는 연안 각지에 염장을 설치하고 관가에서 소금을 구운 뒤 백성들에게 쌀이나 베를 받고 팔았다. 일제 시대에도 소금은 완전한 전매제였으며, 1961년에야 비로소 국유 염전과 민영업계가 분리되었다. 이처럼 과거 어느 시대에나 소금은 매우 귀한 존재였고 많은 나라에서 국가의 중요한 재정 세원으로 삼았다.

▲ **견우와 직녀** : 남포시 덕흥리 고분 벽화(408년). 오른쪽에 서 있는 직녀가 소를 끌고 가는 견우를 떠나보내는 장면이다. 둘 사이에 흐르는 것이 은하수이다. 고대 농경 사회의 '남경여직(男耕女織)', 즉 '남자는 밭 갈고 여자는 베 짜는' 성적 분업을 상징하며 생업을 권장하는 그림이기도 하다. 덕흥리 고분은 유주자사를 지낸 것으로 전해지는 진의 무덤으로 주로 생활 풍속이 그려져 있다. 벽화의 장면마다 직명과 설명문이 적혀 있어 고구려 사회사를 연구하는 데 매우 중요한 자료로 활용된다.

남 가 여ㅣ견우가 직녀를 만났을 때

올 가을 성밖 마을의 화제는 단연 과부인 무덕 (가명)의 재가(再嫁) 소식이다. '재가'라는 것은 두 번 시집 간다는 이야기이니까 여자가 한 번 남편을 여의면 평생 홀로 살아야 했던 조선 후기보다 고구려 시대가 더 개방적이었던 셈이다.

무덕의 집에서는 본채 뒤에 지어 놓았던 작은 별채를 뜯어고치는 작업이 한창이다. 사람들이 '사위집'이라고 부르는 이 별채는 과연 무엇에 쓰이는 장소일까? 독특한 고구려의 결혼 과정을 따라가다 보면 이 물음에 대한 답은 저절로 나올 것이다.

고구려의 결혼은 데릴사위제? ● 무덕과 혼인 약조를 맺은 사람은 이웃 마을에 사는 홀아비 을밀(가명)이다. 홀아비 처지에 과부랑 연애를 한 건 아니고, 이 마을에 다니러 왔던 을밀

어머니가 튼실한 무덕을 보고는 마음에 들어 혼담이 이루어진 것이다. 고구려 사회에서 결혼은 재혼이 아니더라도 대개 이처럼 집안이나 친척 사이의 약속으로 이루어진다.

드디어 결혼식 날. 신부는 가족들과 자기 집에서 다소곳이 신랑을 기다리고 있다. 신랑은 저녁이 되어서야 나타난다. 그는 신부 집 문 앞에 서서 외친다. "제 이름은 을밀입니다!"

그런 다음 그 자리에 엎드려 큰절을 한 뒤 신부의 부모에게 조른다.

"저를 신부 곁에 받아 주십시오!"

무덕의 부모가 얼씨구나 좋다면서 신랑을 끌고 들어갈 것 같지만, 천만의 말씀! 처음에는 아주 냉담하다. 신랑이 세 번을 조르니까 그제서야 마지못한 듯 집 안으로 들어오는 것을 허락한다. 그러면 신랑은 가슴을 쓸어내리며 미리

준비해 온 돼지고기와 술을 들고 들어간다. 다른 예물은 전혀 없다. 여자 집에서 신랑 집으로부터 재물을 받기라도 하면, 남들로부터 딸을 노비로 파는 집이라고 멸시당하기 십상이다.

한바탕 잔치를 치르고 나면 신랑은 신부와 함께 준비된 별채인 '사위집'으로 들어가 함께 첫날밤을 보낸다. 이 사위집을 '서옥(婿屋)'이라고 부르기 때문에 이 결혼 풍습을 일컬어 '서옥제'라고 한다.

을밀과 무덕은 서옥에서 아이를 낳고, 이 아이가 다 자랄 때까지 함께 산다. 이때 을밀은 사냥도 하고 부역도 나가면서 부지런히 처갓집 일을 돕는다. 마치 오늘날에도 가끔씩 볼 수 있는 데릴사위제 같다. 만약 이런 결혼 풍습이 일반적이었다면, 고구려는 여자 쪽 혈통을 따라 내려가는 모계 사회였을까?

남자는 소 끌고, 여자는 길쌈하고 ● 천만에! 고구려는 철저한 부계 사회이다. 처갓집살이는 일시적인 현상일 뿐, 아이가 다 자라면 부부는 신랑의 친가로 돌아가 그곳에서 남자 집안의 대를 잇는다.

왜 이렇게 할까? 고구려에서는 여자도 남자 못지않은 일을 한다. 무덕처럼 튼튼한 여인은 말할 것도 없다. 그런 딸을 시집보내고 나면 그 집은 상당한 노동력의 손실을 보게 된다. 바로 이런 손실을 메워 주고자 신랑이 신부 집에 머물면서 자기 노동력을 제공하는 것이다. 신랑의 몸이 일종의 예물인 셈이다. 또 신부는 첫아기를 낳아 기를 때까지 겪게 될 정신적·육체적 부담이 많이 줄어들게 된다. 이처럼 요즘에 비해 남녀가 상대적으로 평등한 결혼 풍습은 조선 전기까지는 그리 낯선 일이 아니었다.

그렇다면 고구려의 남과 여는 어떤 일을 나누어 했을까? 남자들이 천리장성을 쌓으러 나갈 때 여자들이 농사를 지었다는 기록은 있다. 그러나 평상시 남녀의 일은 견우(牽牛)와 직녀(織女)라는 고대 사회의 대표적인 캐릭터(왼쪽 그림)에서 짐작할 수 있다. 즉, 소 끌면서 농사 짓는 남자와 길쌈하는 여자가 고구려의 보통 남과 여인 것이다.

실 잣는 여인 ● 평원왕은 백성들의 부역을 중지시키고 농사와 뽕나무 심기를 권장했다. 이 가운데 농사는 주로 남성이 짓고, 뽕나무를 심어 누에를 치고 거기서 실을 뽑아 비단을 짜는 일은 주로 여성이 했을 것이다. 또 삼을 길러 베를 짜는 일도 여성들의 몫이다.

날씨가 비교적 추운 이곳 국내성 지역에서는 누에를 친다거나 삼을 재배하는 일이 평양 이남처럼 흔하지는 않다. 그러나 베와 비단이 아니더라도 여성들은 실을 잣고 옷감을 짠다. 양털로 실을 만들거나 이곳 특산인 돼지 가죽으로 옷감을 재단하는 것은 얼마든지 할 수 있기 때문이다. 더욱이 추위가 몰려오는 때면 베옷이나 비단옷보다도 털옷이나 가죽옷을 짜는 게 가족을 위해서도 좋다.

물론 베와 비단은 고구려 전역에서 옷감의 기본으로 통한다. 각 지역 무덤에 그려진 벽화에 온갖 화려한 비단옷과 다양한 삼베옷들이 등장하는 것만 보아도 알 수 있다. 비단은 중국에서 수입한 고급 제품도 많다. 자주색 바탕에 무늬를 놓은 비단이 최고이고, 그

밖에도 오색 비단, 구름 비단 등 다채로운 비단을 볼 수 있다. 베에도 하얀 베, 푸른 베 등 다양한 제품이 있다.

여성의 섬세한 손으로 한 올 한 올 짠 직물들은 식구들의 옷감으로도 쓰고, 세금으로 내거나 시장에 내다팔기도 한다. 신라에서는 고운 베 한 필이 벼 30~50섬 값이 된다고 한다. 그렇게 따지면 농사 짓는 경우보다 오히려 베 짜는 직녀가 더 많은 부가가치를 생산하는 경제 주체인 셈이다.

▼ **고구려의 남과 여** : 결혼한 여성은 단정하게 머리를 묶었고 남성은 흑건을 썼다. 검은색 사각 보자기를 삼각으로 접어서 양끝을 묶은 흑건은 젊은 사람들이 애용했다. 허리에 맨 띠는 삼국 시대에 일반적인 것으로 대개 앞이나 옆에서 매듭을 짓고 짧게 늘어뜨렸다. 둘 다 좌임을 한 것은 6세기경의 고구려가 중국의 우임과는 구별되는 전통적인 좌임 복식을 했을 것으로 추측되기 때문이다.

▲ **베 짜는 여인** : 남포시 대안리 1호분 널방 남쪽 벽의 모사도. 둥근 깃의 저고리를 입고 머리를 단정히 빗은 여인이 베틀에 앉아 베를 짜고 있다. 베틀의 묘사가 사실적이다. 고구려인은 베옷을 입었고 또 세금으로 베를 내야 했기 때문에 고구려 여인들은 베틀 앞에 앉아 있는 시간이 많았을 것이다.

주름치마 : 고구려 여성들이 입은 치마의 전형이었다. 실제로 일할 때는 이보다 짧은 치마를 입었다. 옷의 소재로는 삼베나 짐승 가죽이 많이 쓰였다.

▲ **이 성벽의 공사는 내가 책임집니다** : 평양성을 쌓으면서 성벽으로 이용한 돌에 공사와 관련된 사항을 기록한 석각 (石刻). 성을 쌓은 시기, 공사 책임자의 벼슬과 이름, 공사 담당 구간을 명시했다. 모두 다섯 종류가 전해지며, 그 중 제3석의 내용은 다음과 같다.
"기축년(569년) 5월 28일 공사 시작. 서쪽으로 11리 구간은 소형(小兄) 벼슬인 상부약모리가 맡는다."

대규모 공사는 많은 인력이 필요하므로 국가적인 동원 체제 아래 이루어진다. 고대 사회에서 얼마나 많은 노동력을 동원할 수 있는가는 국력의 척도이다. '성의 나라' 고구려에서 이 같은 대규모 공사의 으뜸은 성 쌓기이다. 한편, 산성은 테뫼식과 포곡식으로 나뉜다. 테뫼식은 산 정상 부만 둘러쌓은 작은 산성이고, 포곡식은 산의 정상에서부터 계곡의 아래쪽까지 두른 큰 규모의 산성이다. 산성을 쌓는 방식은 이미 삼국 시대에 그 전형이 완성되었다.

치(雉) : 성벽을 올라오는 적을 옆에서 공격하기 위한 시설물이다. 산성의 경우 지형상의 유리함 때문에 치를 세우지 않는 경우가 많았다.

공사 책임자 : 성을 쌓는 책임은 보통 하급 귀족이 맡고 있었다. 평양성 석각에 공사 책임자로 나오는 '소형(小兄)' 은 고구려 후기 14관등 가운데 11위에 해당하는 직책이다.

한창 신혼의 단꿈에 젖어 있어야 할 새신랑 을밀이 뒷산 보루에서 아내가 싸준 수수떡을 먹고 있다. 산성을 쌓는 부역에 동원되었기 때문이다.

부역은 국가에서 실시하는 공공 근로 사업으로 보통 농번기를 피해 지금 같은 늦가을이나 초봄에 이루어진다. 15세 이상의 성인은 왕궁을 짓거나 성을 쌓는 일, 또는 저수지나 도로를 만드는 부역에 의무적으로 나가서 아무런 대가 없이 일해야 한다. 말하자면 노동력을 세금으로 내는 셈이다.

세금은 의무인 동시에 권리 ●
부역은 고되지만 불평거리가 되지는 않는다. 마을을 지켜 주는 산성을 잘 쌓는 것은 자기 집을 잘 짓는 것 이상으로 소중한 일이기 때문이다. 전쟁이 일어나면 남자들은 군대에 들어가 나라를 위해 싸운다.

이것도 군역(軍役)이라 불리는 일종의 세금이다.

국가는 이처럼 국민의 '몸'을 제공받거나 농사 지은 곡식의 일부를 납부받아 국가 운영에 사용한다. 고구려인이면 누구나 세금을 내야 하지만, 고구려에 산다고 누구나 '고구려인' 대접을 받는 것은 아니다. 노비처럼 어떤 기관이나 개인의 재산처럼 취급되는 사람들은 세금을 낼 의무도 없고 권리도 없다. 세금을 낸다는 것은 자랑스러운 고구려인이며 국가로부터 보호받을 권리가 있음을 뜻하는 증명인 셈이다.

흙다지기 : 조선 시대에 성을 쌓을 때는 '달고' 라는 큼직한 통나무에 줄 여러 가닥 묶고 여러 사람이 그 줄을 동시에 들었다 놓으면서 흙을 다졌다. 그 때 "아이고 달고" 하며 구령을 넣었다고 해서 그런 이름이 붙었다. 또 왼쪽처럼 작은 통나무를 들고 한 사람씩 내리치며 흙을 다지기도 했다. 이 장면은 고구려에서도 달고 사용했다는 가정 아래 그린 것이다.

세금은 누가 얼마나 내나 ● 고구려인으로
인정받기 위해 내는 세금은 어느 정도일까? 일단 기본 요금으로는 집마다 1년에 좁쌀 5석(石)이 부과된다고 한다. 한 석이 얼마나 되는지는 정확히 알 수 없으나 요즘의 한 섬보다는 훨씬 적은 것으로 보인다.

이러한 기본 요금에 추가되는 '누진세'도 있다. 고구려인은 빈부에 따라 상·중·하 세 등급으로 나뉘는데, 귀족을 포함하는 부유층인 상등호는 한 석을 더 낸다. 중등호에는 한 석의 7/10인 7두(斗), 을밀네 집 같은 성밖 마을의 하등호에는 5두가 추가된다. 가장 잘사는 층과 못사는 층의 추가 부담이 고작 5두밖에 차이가 나지 않는다. 과연 그 정도로 고구려는 중산층이 두텁고 빈부 격차가 작은 사회일까? 그렇지 않다. 오히려 세금을 매기는 주체인 상등호가 호화 생활을 하면서 상대적으로 작은 부담을 지려 하기 때문이라고 보는 것이 옳다.

종합해 보면 성밖에 사는 평범한 농민의 기본 세금은 1년에 좁쌀 5.5석인 셈이다. 신라와

백제의 농민은 쌀로 세금을 내는데 이들이 좁쌀을 내는 것은 고구려가 산간 지방이 많아 밭농사를 많이 짓기 때문이다. 그런데 세금이 이것으로 끝나는 것은 아니다. 별도로 마포(麻布), 즉 베 5필씩이 배당되는데 이것은 적지 않은 양이다. 수공업이나 광업에 종사하는 사람은 생산하는 물건으로 세금을 대신한다.

그밖에 잣·호도 같은 과일이나 수달피 같은 짐승 가죽도 별도의 기준을 정해 특별세로 징수한다. 특히 과일은 징수 기준이 가혹해서 나무를 심은 시기와 열매 맺은 상태 등을 일일이 파악하여 세금을 매기기 때문에 함부로 나뭇가지를 자르지도 못한다.

세금도 못 내는 사람들 ● 노비들은 나라가
아닌 개인에게 매인 사람들이기 때문에 당연히 국가에 세금을 낼 필요가 없다.

고국천왕 앞에서 슬피 울던 젊은이처럼 자기 농토를 잃고 남의 품을 파는 가난한 농민 역시 세금을 내고 싶어도 낼 수 없는 경우가 많

다. 세금은커녕 빚더미에 올라앉아 당장의 끼니를 때우는 것조차 어렵다. 이들은 참다 못해 자식을 노비로 팔기도 하며, 끝내는 고향을 떠나 떠돌이 생활을 하기도 한다. 국가의 입장에서는 이처럼 세금도 못 낼 만큼 몰락한 사람들이 늘어나는 것은 바람직하지 않기 때문에, 국가의 경사가 있는 경우에는 세금을 면제해 주기도 한다.

한편 고구려는 '다종족 국가'로서 한민족의 원류를 이루는 농경민인 예맥족말고도 말갈족이나 거란족 같은 수렵·유목민이 상당수 변방에 거주하고 있다. 이들도 '고구려인'인 이상 세금을 내야만 한다. 그러나 그 양은 농경민들에 비하면 적은 편이다. 10명이 3년마다 가는 실로 짠 고운 베 한 필만 내면 되는 정도이다.

그것은 이들의 생활이 대부분 농경 아닌 유목이나 사냥에 의존하고 있기 때문이다. 그 대신 기동성이 뛰어난 이들은 중국과의 대결에서 효과적인 역할을 했으므로, 전쟁에 동원하거나 부역에 참여시키는 방식으로 세금을 징수한다.

성벽 쌓기 : 성벽의 높이는 보통 6~8m
되므로 가건물을 지어 놓고 그 위에서 작업을 했다. 성벽의 경사가 완만하면 성을 쌓기는 쉽지만 방어하기는 불리하다. 반면 성벽의 경사가 급하면 방어하기에는 유리하지만 쉽게 무너지므로 고도의 축조 기술이 필요하다. 고구려 성은 급경사를 이루고 있어 당시의 축성 기술이 높은 수준이었음을 알 수 있다.

이중 성벽 : 성을 쌓을 때 바깥쪽 3~4단은 돌을 이용하여 쌓지만 안쪽은 흙을 다져서 만든다. 이처럼 고구려 성은 대개 흙과 돌을 이중으로 쌓는 이중 성벽 체제였다. 돌은 바깥쪽을 둥글게 다듬어 옥수수 이빨처럼 맞물리게 쌓았다.

⊙ 산성 위에도 우물이 있었다

산성의 장점은 무엇보다 높은 곳에서 적을 내려다보며 싸울 수 있다는 점에 있으므로, 수비하는 쪽보다 공격하는 쪽이 훨씬 지치게 마련이다. 산성 안에서 수비를 하는 쪽은 시간 끌기에만 성공하면 반 이상은 이긴 것이나 마찬가지이다. 시간을 끌기 위해서는 무엇보다 산성 안에 먹을 물과 양식을 공급해 줄 수 있는 우물과 창고가 있어야 한다. 양식은 평소에 창고를 지어 저장해 두어야 하고, 물은 자연적으로 샘 솟는 곳을 찾아 우물을 파두어야 한다. 우물 같은 물 저장 시설이 없으면 적들의 공격을 장기간 막을 수 없으므로, 산성으로서의 가치가 없다. 그래서 모든 산성 안에는 자연의 계곡물이 흐르고 있거나 우물, 대형 빗물 저수조 따위가 마련되어 있다.

아래 사진은 중국 랴오닝성 단둥시에 있는 호산산성(虎山山城)에서 발견된 고구려 시대의 우물이다. 현재까지 나온 고구려 산성 우물 중에서는 가장 큰 규모를 자랑한다.

국내성을 벗어나 서쪽으로 말을 달리면 만주 남부 평원 지대를 뚫고 흐르는 1,400km의 도도한 랴오허(遼河)와 만난다. 이 강을 따라 북서쪽으로 올라가면 랴오허의 상류인 시라무렌강이 흐르고, 양쪽으로는 가도 가도 끝이 없는 대평원이 펼쳐진다. 그곳에 퍼져 있는 가축들과 유목민인 거란족. 이 낯선 곳이 고구려의 세력권이라는 사실에서 비로소 이 나라가 영토 대국임을 실감하게 된다. 긴 겨울이 끝나 가는 봄의 길목에서 고구려의 유목민들을 만나 보았다.

형이 죽던 날 – 유목민의 혼인 풍습 ● 거란족 마을에서는 마침 혼례식이 열리고 있었다. 재미있는 것은 이 혼인이 신부의 재혼인데 신랑이 죽은 전남편의 동생이라는 점이다. 이처럼 형이 죽으면 동생이 형수와 결혼하는 '형사취수제(兄死取嫂制)'는 고구려 본토에서도 행해지곤 하던 관습이다. 고구려의 관습이 그 지배를 받는 유목민에게 전해진 것일까?

진실은 그 반대이다. 형사취수제는 본래 흉노나 키르키스족 같은 유목민의 풍습이다. 공동체적 유대가 강한 유목 사회에서 남자의 갑작스러운 죽음으로 생기는 혈연 집단 내부의 혼란을 줄이고, 경제적 능력이 없는 형수와 조카를 부양하기 위해서이다.

또 일정한 대가를 지불하고 다른 부족에서 데려온 여자를 친정으로 그냥 돌려보내면 그 부족 입장에서는 손해이므로 계속 묶어 두려는 목적도 있다.

이런 풍습이 고구려에도 있었다는 것은 고구려가 일찍부터 유목민과 교섭하고 문화적으로도 유대가 깊었다는 사실을 잘 보여 준다.

유목민은 무엇으로 사는가 ● 유목민이라면 집시처럼 정처없이 떠돌아다니는 사람들을 떠올리기 쉽다. 그러나 그들은 관습적으로 정해진 길을 따라 가축을 몰고 다닌다.

'농경＝문명'이라는 도식에 익숙한 사람들은 유목민을 야만인처럼 생각하지만, 정작 이들은 농경민들을 부자유스러운 가축에 비유하면서 불쌍히 여긴다.

그들은 '게르'(중국어로는 '빠오')라는 천막집에 살며 이동 생활을 한다. 주된 생계 수단은 가축 사육과 야생 동물 사냥이다. 어려서부터 양치는 법을 배우고, 활쏘기에 아주 능하여 움직이는 새와 쥐를 맞힐 수 있다.

유목민 사회에는 농경 사회에 비해 원시 공동체의 관습이 더 많이 남아 있다. 만약 가축이 병에 걸리거나 자연 재해를 만나 죽기라도 하면,

▲ **초원의 유목민** : 푸른 초원에 게르(투르크어로 '유르트')를 치고 있는 유목민. 음식을 준비하는지 연기가 피어 오르고 있다. 톈산북로에서 유목 생활을 하는 카자흐인의 한때를 담은 사진이다.

가축을 잃은 사람은 더 이상 유목을 하지 못하고 굶어 죽을 수밖에 없다. 그렇게 되면 가축을 많이 가진 유목민은 유목 사회 자체가 무너지는 것을 막기 위하여 이 위기에 처한 유목민에게 자신의 가축 일부를 그냥 주거나 빌려 준다.

어차피 유목 사회에서는 가축을 키워 큰 부자가 되는 것은 불가능하다. 가축에게 풀을 먹이는 초원은 누구의 것이 아니라 부족 전체의 공유물이기 때문이다. 그래서 유목 사회는 농경 사회보다 상대적으로 빈부 격차가 심하지 않다.

유목과 정착의 변증법● 만주와 내륙아시아의 목축·유목민은 크게 투르크계, 몽골계, 퉁구스계로 나뉜다. 거란족은 이 가운데 몽골계와 퉁구스계의 혼혈로서 4세기 무렵부터 여러 부족으로 나뉘어 시라무렌강가에 살다가 광개토대왕 때 고구려에 속하게 되었다.

유목민은 곡식 같은 생활용품이나 사치품을 중국인이나 고구려인 같은 농경민들에게 의존한다. 그들은 물자 교역, 공납 같은 평화로운 방법으로 이런 물품들을 확보하기도 하지만, 여의치 않을 때는 말을 이용한 빠른 기동력과 사냥으로 단련된 군사력을 바탕으로 무력 침공이나 약탈 등을 감행하기도 한다. 이럴 때면 그들은 마치 주기적으로 일어나 주변의 모든 것을 쓸어버리는 들불처럼 보인다.

3세기부터 여러 왕조를 세우고 중국의 화북 지역을 호령하던 선비족도 몽골계 유목민이다. 수나라가 '돌궐'이라고 부르는 투르크계의 유목민 제국은 6세기 말 현재 내륙아시아의 대부분을 차지하고 있다.

14세기 이슬람 역사가 이븐 할둔은 유목민의 역사를 정리하면서 이런 취지의 말을 했다. "세계의 역사는 유목민과 정착민의 투쟁의 역사"라고. 그에 따르면, 정착 농경민이 문명을 이루고 살아가다 보면 초기의 활기를 잃고 부패해 간다. 그러면 강한 결속력을 가진 유목민이 일어나 문명 사회를 정복하고 그곳에 새 기운을 불어넣는다. 그의 말은 적어도 전세계에 산업 사회가 도래하기 전까지는 진실이었다.

◉ 한반도 남쪽까지 내려간 유목 문화

고대 사회에서 유목 문화는 고구려뿐 아니라 한반도 남쪽 깊숙한 곳까지 많은 영향을 끼쳤다. 대표적인 것이 말을 타는 관습과 관련되는 마구(馬具:말 타는 데 쓰는 도구)이다. 말을 탈 때 발을 딛는 등자 같은 마구의 전파 속도는 말 달리는 속도만큼이나 빠르다. 그래서 일찍부터 농경 문화를 이루고 산 한반도에서도 북방 유목민의 것과 대단히 비슷한 마구들이 출토되고 있다.

특히 4~6세기의 신라 왕릉인 돌무지덧널무덤(적석목곽분: 아래 사진 설명 참조)에는 북방 문화의 요소가 유달리 많다. 이 단계에서는 마구와 황금 유물이 급격하게 증가한다. 신라 금관은 '出(출)' 자 모양의 나뭇가지와 사슴 뿔을 기본 형태로 하여 이루어져 있다. 이는 시베리아 샤머니즘의 영향을 받은 것으로 추정된다. 또한 이 금관 장식은 흑해 연안 사르마티아족 금관의 나무·사슴 뿔 장식과도 유사한 형태를 보인다. 같은 시대 경주의 다른 무덤에서는 중앙아시아의 키질(Kizil) 벽화에 그려진 것과 비슷한 장식보검이 출토되어 주목을 받았다.

그리고 더 남쪽에 자리잡은 가야에도 북방 문화의 흔적이 남아 있다. 한반도 남쪽 끝인 김해 대성동 유적의 대형 무덤에서 출토된 청동솥(동복)이 대표적인 예이다. 청동솥은 마치 바비큐를 요리할 때처럼 불 위에 걸어 놓게 되어 있는 솥으로 유목민들의 전형적인 조리 기구이다. 또 신라와 가야의 무덤에서 종종 출토되는 뿔잔(각배:rhyton)도 북방 유목 문화의 산물이다.

▼▶ 어느 것이 신라 왕관일까요?: 오른쪽 금관은 경주 황남대총(5세기)에서 발굴되었다. 동산 같은 황남대총은 고구려·백제의 무덤과는 다른 형태의 적석목곽분이다. 이 무덤은 양식뿐 아니라 유물도 유라시아 내륙 초원 지대에서 발견되는 무덤과 매우 비슷하여, 신라와 북방 유목민 간에 많은 교류가 있었음을 암시한다. 아래는 아프가니스탄에서 발굴된 금관.

▶ 이것이 신라 보검이라고 요?: 경주 계림로 14호분 (5~6세기)에서 출토된 장식보검. 다른 신라 유물과 매우 다른 형태를 보인다. 오히려 키질 벽화에서 귀족 여인이 들고 있는 보검이나 카자흐스탄에서 우연히 발견된 단검과 더 비슷하다. 길이는 36cm.

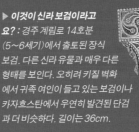

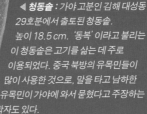

◀ 청동솥: 가야 고분인 김해 대성동 29호분에서 출토된 청동솥. 높이 18.5cm. '동복'이라고 불리는 이 청동솥은 고기를 삶는 데 주로 이용되었다. 중국 북방의 유목민들이 많이 사용한 것으로, 말을 타고 남하한 유목민이 가야에 와서 묻혔다고 주장하는 학자도 있다.

성안에 사는 사람들

성밖에서 성안으로 들어오면 모든 것이 달라진다. 초가집이 기와집으로 바뀌고, 좁고 구불구불한 시골길이 넓고 곧은 도로로 바뀌며, 사람들도 화려한 모습으로 변신한다. 성을 사이에 두고 전혀 다른 세계가 펼쳐져 있는 것이다. 그러나 이곳 사람들은 알고 있다. 성밖이 없으면 성안도 없다는 것을.

여기는 고구려의 수도 장안성. 왕과 귀족, 무사 등의 행렬이 국가 행사를 치르기 위해 성밖으로 나가고 있다. 427년 국내성에서 평양의 안학궁으로 옮겨간 고구려 왕궁은 586년(평원왕 28년) 대동강과 보통강을 끼고 있는 이곳으로 다시 옮겼다. 장안성은 국내성과 달리 산성과 평지성의 장점을 한데 합쳐 놓은 형태를 보이며, 가장 높은 곳에는 을밀대를 두고 이곳에서 사방을 감시하고 있다. 장안성의 인구는 주변 지역을 합쳐 20만 호에 이른다.

도성 | 도시의 군상 (群像)

봄 햇살이 쏟아지는 3월 3일. 장안성에 사는 귀족 염수(가명)는 아침부터 부산을 떨었다. 왕이 도성의 귀족들과 함께 낙랑 언덕에서 사냥을 하고 제사를 지내는 날이기 때문이다. 병사들과 악사들이 포함된 행렬은 뻥 뚫린 대로를 행진하고, 옆에서 구경하는 아이들 뒤로는 고래등 같은 기와집과 웅장한 사원이 늘어서 있다.

만 호가 앉아서 먹고 산다? ● 염수의 직책은 외국 사절을 접대하는 '발고추가'이다. 이것은 고구려 관등(官等) 체계에서 4급 이상인 관리가 맡을 수 있는 고위직이다.

행렬 속에는 최고 관등으로 국무총리격인 대대로도 보인다. 그는 나라 일을 논의하는 귀족회의 의장인데, 이 회의의 구성원인 5급 이상

고위 관리들도 대부분 참가했다. 도성의 행정 구역인 5부(部)의 책임을 맡은 욕살들도 각각 관료들과 군사들을 이끌고 대열에 섰다.

중국인은 이들 도시 귀족의 생활을 이렇게 묘사하고 있다. "농사를 짓지 않으며 앉아서 먹고 사는 자(坐食者)가 1만여 호에 이른다. 이들의 집에서 심부름하는 사람들은 멀리서부터 쌀이나 곡식을 날라 오고, 또 물고기나 소금을 공급하였다"(『삼국지』). 이런 생활을 유지하기 위한 경쟁도 치열하다. 고국천왕 때 재상인 을파소의 조상도 한때 관직에서 밀려나 성밖 마을에서 농사를 지으며 살았다고 한다.

도성에 사는 주민으로는 그 밖에도 정릉사 같은 절의 승려, 사원이나 무덤 등에 벽화를 그리는 화가, 악사, 장의업자, 군인, 그리고 수공업자와 상인들을 빼놓을 수 없다.

▲ 대행렬도 : 황해도 안악 3호분 벽화(357년). 'ㄱ' 자로 꺾어진 10.3m 회랑에 그려진 그림으로 쇠수레를 탄 주인공이 각종 깃발을 앞세우고 여러 신하, 악단, 교예단, 여인들, 그리고 병사들의 호위를 받으며 행진하는 모습이 인상적이다. 등장인물이 250여 명에 달한다. 이 무덤의 주인공에 대해서는 중국에서 들어온 동수(冬壽)라는 설과 고국원왕(북한 주장)이라는 설이 있다.

성이라고 다 같은 성이 아니다 ● 염수는
아직도 기억한다. 한창 열혈 청년이던 557년에 일어난 국내성의 반란을. 고구려의 옛 수도인 국내성 귀족들은 전통 문화의 수호자라는 자부심 속에 살아왔는데, 새 수도 평양으로 온갖 특권이 넘어가자 이에 반발하여 들고일어났던 것이다. 당시 염수와 동료들은 진압에 나서면서 이렇게 이죽거렸다.

"너희들이 다른 곳에 비하면 얼마나 호강하는데, 그것도 모자라서 이렇게 투정이냐?"

사실 고구려에는 평양성 외에도 170여 군데의 성(城)이 있지만, 그 가운데서도 국내성과 한성(현재 황해도 재령 지방)은 다른 성들과는 등급이 다르다. 이들은 행정 구역이 5부로 나뉘는 점이나 각 부 책임자가 욕살이라는 점에서 평양에 버금가는 고구려 제2, 제3의 수도이다. 나머지 지방의 성들은 모두 합쳐서 5부로 나뉘며, 대부분 수도를 외적으로부터 보호하기 위한 2중 3중의 방어벽 역할을 한다. 사람들 사이에 서처럼 도시들 사이에도 이처럼 서열이 있다.

주거공간 | 차고(車庫)와 고깃간이 있는 집

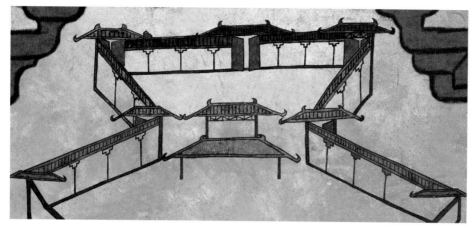

▲ **성안의 호화 저택** : 황해도 안악 1호분 벽화(4세기 말). 이층 전각(중앙) 주위에 지붕 있는 담을 두르고 네 모서리와 담벽 가운데 기와 지붕을 가진 대문을 두었다. 기와 지붕 양쪽에 뿔 모양으로 장식된 치미가 인상적이다.

고분 벽화에 보이는 귀족 집의 여러 요소를 한 데 모은 그림이다. 담장에도 기와 지붕을 얹고 중간중간에 출입문을 설치했다. 집 안에 부엌, 고깃간, 방앗간, 다락 창고, 외양간, 마구간, 차고(수렛간) 등이 있으며, 뜰 한편에는 잘 꾸며진 아담한 정원이 있다. 이것은 상대적으로 작은 집이며 큰 집은 정원에서 활쏘기를 즐길 수 있을 정도의 규모였다. 또 바깥채를 대외 과시나 손님 접대에 활용, 회랑 등에 큰 사랑채들을 두기도 했으며, 이 경우 마구간 등 부속 건물은 안채에 두었다.

왕과 함께 사냥을 할 때는 비가 뿌리더니 돌아올 무렵에는 하늘이 말끔하게 갰다. 계집종들은 햇빛을 가리는 큰 일산을 들고 달려와 주인인 염수를 받쳐 주고, 사내들은 주인 일행이 타고 온 수레와 말을 수렛간과 마구간으로 끌고 가느라, 사냥한 멧돼지를 부엌 옆 고기 창고로 갖고 가S자 모양의 갈고리에 거느라 정신이 없다. 주인 아들은 행여 비가 새는 곳은 없는지 지붕을 살핀다. 하지만 무슨 걱정이랴. 풀이나 볏짚으로 엮어 이은 초라한 초가집이 아니라 위풍당당한 기와집인걸.

기와집 '혁명' ● 초가집은 많은 장점을 가지고 있지만 지붕의 이엉이 쉽게 썩기 때문에 1~2년마다 새로 바꿔 주어야 하고, 바람이 세게 불면 견디지 못한다는 단점이 있다. 또 비가 아주 많이 내리면 빗물이 안으로 스며들 수도 있다.

이러한 단점을 극복하기 위하여 등장한 것이 기와이다. 기와는 토기를 굽는 기술의 뒷받침을 받아 탄생한 혁신적인 발명품이다. 빗물을 완벽하게 막아낼 수 있을 뿐 아니라 한번 시공하면 반영구적으로 사용할 수 있다. 그리고 지붕이 기와로 바뀌어 지붕의 무게가 무거워지면서 튼튼한 기둥이나 서까래 등이 필요하게 되어 건축 기술도 발달하게 되었다. 그러나 기와를 지붕에 얹으려면 한두 장이 아니라 대량의 기와가 필요하기 때문에 막대한 비용이 들어간다. 그래서 일반 백성들은 지붕에 기와를 얹는 것은 엄두도 내지 못한다. 고구려에서 기와 지붕을 쓸 수 있는 곳은 이곳 성안에 있는 궁궐과 절, 관청, 그리고 귀족들의 집 정도이다.

커튼 속으로 들여다본 실내 풍경 ● 염수는 비를 피해 성큼성큼 안채로 들어간다. 조선 시대의 전통적인 한옥과 달리 이 건물에는 마루가 없다. 염수는 신발도 벗지 않고 벽난로 같은 쪽구들이 있는 실내로 들어간다. 계집종 아비에게 비단 두루마기를 벗어 준 염수는 쪽구들 옆에 놓인 평상에 걸터앉은 다음에야 비로소 빗물에 젖은 가죽신을 벗는다. 고구려에서는 성밖마을과 마찬가지로 성안의 귀족들도 입식 생활을 했다.

염수는 목욕물이 데워졌다는 부인의 말에 몸을 일으켜 침실로 간다. 침실 앞에는 문이 아니라 휘장이 천장으로부터 드리워져 있다. 비단으로 짠 이 세련된 '칸막이'는 고구려 주거 문화의 또 한 가지 특징이다. 그 안에는 부부가 각각 쉴 수 있는 안락의자와 침대가 놓여 있다. 두 사람이 안으로 들자 다시 휘장이 내려지고, 염수는 목욕을 하기 위해 부인의 도움을 받아 옷을 벗는다. 편안한 휴식이 두 사람과 함께 하기를.

마구간 : 말은 사냥을 할 때 주로 쓰이며, 수레를 끌 때도 있다.

행랑채 : 노비들이 거처하는 곳으로 집안 일이나 텃밭 일에 사용한 도구들을 보관하기도 했다.

차고 : 황해도 안악 3호분 벽화(357년). 수레가 두 대 있는데 왼쪽 것은 툭 터져 있고 오른쪽 것은 가리개와 칸막이가 있어 탄 사람이 밖에서 보이지 않는다. 오른쪽 수레는 여자가 타는 수레로 보인다.

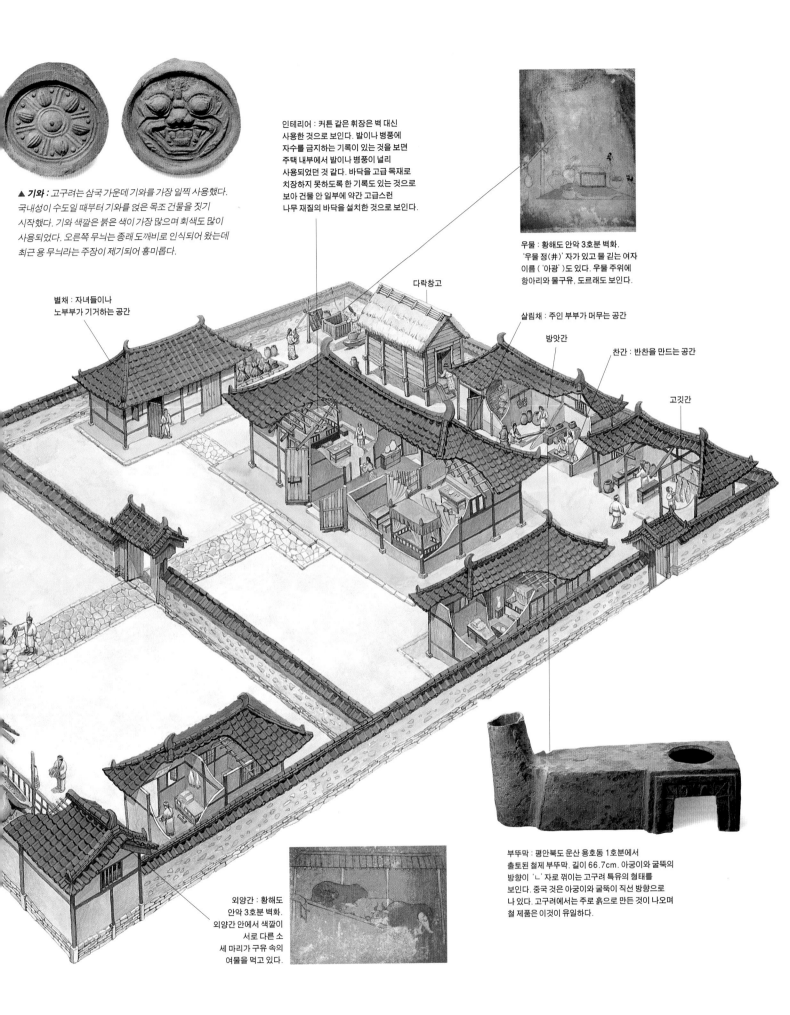

▲ **기와** : 고구려는 삼국 가운데 기와를 가장 일찍 사용했다. 국내성이 수도일 때부터 기와를 얹은 목조 건물을 짓기 시작했다. 기와 색깔은 붉은 색이 가장 많으며 회색도 많이 사용되었다. 오른쪽 무늬는 종래 도깨비로 인식되어 왔는데 최근 용 무늬라는 주장이 제기되어 흥미롭다.

인테리어 : 커튼 같은 휘장은 벽 대신 사용한 것으로 보인다. 발이나 병풍에 자수를 금지하는 기록이 있는 것을 보면 주택 내부에서 발이나 병풍이 널리 사용되었던 것 같다. 바닥을 고급 목재로 치장하지 못하도록 한 기록도 있는 것으로 보아 건물 안 일부에 약간 고급스런 나무 재질의 바닥을 설치한 것으로 보인다.

우물 : 황해도 안악 3호분 벽화. '우물 정(井)' 자가 있고 물 긷는 여자 이름 ('아광')도 있다. 우물 주위에 항아리와 물구유, 도르래도 보인다.

별채 : 자녀들이나 노부부가 기거하는 공간

다락창고

살림채 : 주인 부부가 머무는 공간

방앗간

찬간 : 반찬을 만드는 공간

고깃간

외양간 : 황해도 안악 3호분 벽화. 외양간 안에서 색깔이 서로 다른 소 세 마리가 구유 속의 여물을 먹고 있다.

부뚜막 : 평안북도 운산 용호동 1호분에서 출토된 철제 부뚜막. 길이 66.7cm. 아궁이와 굴뚝의 방향이 ' ㄴ ' 자로 꺾이는 고구려 특유의 형태를 보인다. 중국 것은 아궁이와 굴뚝이 직선 방향으로 나 있다. 고구려에서는 주로 흙으로 만든 것이 나오며 철 제품은 이것이 유일하다.

▲ **귀족 집의 손님맞이** : 중국 지린성 무용총 벽화. 주인과 손님이 식탁 의자에 앉아 식사를 하고 있다. 머리가 짧고 주름치마를 입은 왼쪽 두 사람이 손님인 스님으로 보인다. 각자 앞에 말굽 모양 다리를 한 소반을 놓고 떡이나 과일, 차, 식사 등을 차렸다. 두 상의 뒤편에도 상이 네 개 놓여 있으며, 상에 올린 그릇들에는 음식이 높이 쌓여 있다. 검은 그릇은 당시 고급 식기로 사용되던 칠기이다. 한 사람이 하나의 상을 받는 '독상' 차림이 재미있다. 이 벽화의 내용은 손님맞이의 일반적인 분위기를 알려 주는 것으로서 아래 글의 특정 사실과는 관계가 없다.

▲ **무용총의 여자 시종들** : 한 사람은 음식 그릇이 올려진 말굽 모양의 다리를 한 소반을 들었고, 뒤따르는 사람은 넓은 쟁반 위에 음식 그릇을 운반 중이다.

손님맞이 | 특선 고구려 정식

외국에서 지체 높은 손님이 왔다. 주인 염수의 방에는 이미 이야기꽃이 피고, 여자 노비 아비(가명)는 다른 두 계집종을 데리고 음식 만들랴, 만든 음식을 말굽소반에 실어 나르랴 분주하다. 고구려의 '북방식' 손님맞이가 시작된 것이다.

술 하면 고구려 술 ● 우선 주안상. 중국에서 수입한 칠기로 된 목기 술병에 차좁쌀로 빚은 청주를 담아 내놓는다. 아비는 봄 가을에 한 번씩 항아리를 우물가에 갖다 놓고 이 술을 빚는다. 먼저 차좁쌀을 디딜방아에서 곱게 빻아 가루를 내고, 이 가루를 미지근한 물에 반죽한 뒤 시루에 안쳐서 찐다. 이렇게 쪄낸 차좁쌀떡이 식으면 손으로 다시 반죽을 한다. 충분히 다진 떡에 누룩 가루를 넣고 물을 간간이 부어 가며 이리저리 잘 섞는다. 이것을 독에 넣고 깨끗한 물을 부은 뒤, 뚜껑을 꼭 덮고 화로 옆에 한 달쯤 두면 술독 맨 위로 맑은 청주가 떠오른다. 이것이 중국 사람도 곡아주(曲阿酒)라 부르며 즐기는 고구려 술이다. 여기에 강정 · 산자 · 밤을 고임한 '고구려병(高句麗餠)'을 안주로 곁들이면 최고의 술맛이 나온다.

고구려 일품 요리 '맥적' ● 이제 밥상 차례. 평소에는 주로 좁쌀이나 기장쌀로 차조밥이나 기장밥을 짓거나 마(土薯)를 갈아서 좁쌀 가루와 섞고 죽을 만들어 주인의 상을 차린다. 오늘도 차조밥을 내왔지만, '맥적(貊炙)'이라는 특별한 요리가 눈길을 끈다. 여름에 잡은 멧돼지를 통째로 간장에 절여 독 속에 넣어 둔 것을 꺼내, 마늘과 아욱으로 양념을 한 다음 숯불에 올려 놓고 굽는다. 간이 깊이 배어 있고 구워 낸 맛이 고소해서 귀한 손님이 올 때마다 반드시 이 음식을 준비했다. 이 요리는 너무 오래 구워도 안 되고 덜 구워도 맛이 없다.

사람들은 집에서 기른 돼지나 사냥을 해서 잡은 멧돼지를 잡아 간장 독에 넣고 절인 이 육장(肉醬)을 손님이 올 때마다 꺼내서 구워냈다. 고구려인은 노루·소·개 따위의 고기도 좋아했지만, 이처럼 돼지고기를 즐겨 먹었다. 당시 제천 행사에서 조상 신령에게 바치는 제물 가운데 통돼지는 으뜸에 들었다.

역시 뚝배기보다 장 맛 ● 고구려의 맥적이 맛있는 이유 가운데 하나는 간장 맛 때문이다. 콩을 수확하는 가을에는 부잣집이든 가난한 집이든 모두 콩을 삶아서 메주를 만든다. 둥근 공 모양으로 만든 메주를 방안 화덕 가까이 두면 주위에 곰팡이가 붙으면서 메주 익는 냄새가 온 집안에 진동한다. 봄이 되면 옥저에서 보내 온 소금을 독에 넣고 메주를 띄워서 간장을 만든다. 이렇게 만든 간장으로 노루나 멧돼지의 살코기를 절이는 것이다.

여기에 간장에 절인 순무도 나오고, 노루고기를 말려서 만든 포(脯)도 칠기로 만든 주발형 식기에 담겨 상에 오른다. 아기자기하지는 않지만, 큼직한 요리들이 호방하고 먹음직스럽게 배열되는 북방식 상차림이 고구려의 기상을 물씬 느끼게 한다.

한 번을 먹어도 품위 있게 ● 밥을 먹을 때는 옻칠을 한 국자와 같은 순가락을 사용하고, 반찬을 먹을 때는 칠기로 만든 젓가락을 사용한다. 보통 때 같으면 식구들과 함께 화덕 부근에서 쪼그려 앉아 먹지만, 오늘은 좀 다르다. 격식을 갖추어야 하는 손님이 왔기 때문에 의자에 두 사람이 걸터앉아 네 군데에 발이 있는 높은 상에서 식사를 하고 있는 것이다.

사실 중국의 귀족이나 왕들도 이렇게 격조 있는 상을 이용해서 식사하는 방법을 모르고 있다고 한다. 그들은 도마 같은 것을 앞에 놓고 쪼그려 앉아 식사를 한다는 소문이다. 그에 비하면 고구려인은 문화인다운 식생활을 한 셈이다.

◀ **고구려 병** : 서울 구의동 보루 출토. 높이 11.9cm. 5~6세기경에 나오는 병은 토기로 제작된 것으로 의례용이나 향료처럼 귀한 액체를 담는 용기로 쓰였다.

▼ **구절판** : 서울 아차산 제4보루 출토. 지름 25.4cm. 납작한 쟁반 모양의 그릇을 칸막이로 막아 여러 칸으로 나누어 놓은 형태의 그릇으로 오늘날의 반찬 그릇과 유사하다. 가운데를 둥글게 막고 주위를 네 개의 판으로 막아 모두 다섯 칸으로 구분하였다.

▲ **조리하는 사람들** : 황해도 안악 3호분 벽화(357년). 부뚜막 아궁이 앞에 쭈그리고 앉아 불을 지피는 여인, 시루 앞에서 요리에 열심인 여인, 탁상에 반상기를 두 줄로 쌓아 올리는 여인이 표현되어 있다. 뒤쪽 고기 창고에는 개·사슴 등의 고기가 갈고리에 걸려 있다. 부엌 앞에는 개 두 마리가 어슬렁거리고 지붕 오른쪽 끝에는 까치 한 마리가 앉아 있다.

손님과의 식사가 거의 끝나 갈 무렵 화제가 지난 3월 사냥 대회로 옮겨 갔다. 이 대회는 국가 제사의 일환이기도 하지만, 젊은이들의 말타기와 활쏘기 실력을 시험하여 새 인재를 발굴하는 기회로도 활용된다. 염수는 이번 대회에서 큰아들이 제 실력을 발휘하지 못한 것이 못내 마음에 걸린다. "제 큰아들 녀석이 글은 제법 읽는데 활 솜씨가 시원치 않아서……온달 장군만 해도 몇 해 전 바로 이 대회에서 무예 솜씨 하나로 대왕 전하의 눈을 사로잡은 것 아닙니까?"

그는 쓴 입맛을 다시며 손님을 서쪽 뜰로 안내한다. 술도 깰 겸 활이나 한번 쏘자면서.

부인이 둘이랍니다 ● 서쪽 뜰에는 말뚝을 다섯 개 박아 과녁으로 삼은 넓은 활쏘기장이 있다. 염수의 두 부인이 다소곳이 인사를 하고 자식들, 시종들과 함께 두 사람을 따른다.

부인이 둘이라? 고구려는 일부다처제 사회일까? 성밖 마을에서는 그렇지 않다. 실제로 고구려 사회의 기본은 일부일처제이다. 한 집에 대

개 부부와 두세 명의 자녀가 함께 산다. 그러나 힘있는 사람들이 사는 성안으로 오면 사정이 달라진다. 왕은 왕비말고도 후궁들이 있고, 상류 귀족은 부인이나 첩을 둘 이상 거느리고 있다. 국내성 시절부터 그랬다. 각저총 벽화에는 주인 곁에 두 부인이 나란히 앉아 식사하는 모습이 그려져 있다. 그런가 하면 수렵총 벽화에는 무덤 주인 곁에 여자가 세 명 그려져 있는데, 주인 곁의 여자는 혼자 평상에 앉아 있는 반면 그 곁에 있는 두 여자는 낮은 평상에 나란히 앉아 있다. 높은 평상의 여자는 정부인, 낮은 평상의 두 여자는 첩이 아니었을까?

'을지문덕' 키우기 ● 염수의 활솜씨는 제법이었다. 다섯 발로 두 개의 과녁을 넘어뜨렸다.

"그만 하시고 아드님 솜씨 한번 봅시다."

손님의 말에 염수는 고개를 가로젓는다. 그의 큰아들은 3월 대회에서 진 뒤 술 마시고 행패를 부리다가 아버지의 불호령으로 칩거 중이다.

고구려에서 부모에 대한 효도와 복종은 절대

적인 윤리이다. 2대 유리왕의 태자 해명은 황룡국 왕이 선물한 활을 부러뜨려 부왕에게 태자의 자격이 없다는 꾸중과 함께 자결하라는 명령을 받았다. 그는 사람들의 만류에도 불구하고 "나에게 죽으라고 칼을 내리시니…… 어길 수 없다"면서 스스로 목숨을 끊었다.

마침 태학에서 글공부를 마치고 사냥을 나갔던 둘째아들이 돌아오자, 염수는 표정을 푼다. 문무(文武) 구별이 없는 고구려에서 출세하려면 글과 무예에 고루 능해야 하는데, 이 녀석은 그래도 싹수가 있는 편이다.

7세기 초 수나라 백만 대군을 격퇴한 용장이면서도 상대를 현혹하는 멋진 시를 지은 을지문덕이야말로 고구려인의 이상형을 실현한 인물이리라.

"신묘한 계책은 천문을 꿰뚫었고
오묘한 전술은 땅의 이치를 깨쳤도다.
전쟁에 이겨 공이 이미 높으니
만족을 알았거든 이제 그만 돌아가기를."

(수나라 장수 우중문에게 보내는 오언절구. 이 시를 받은 수나라 군대는 방심하다가 살수에서 몰살당한다.)

▲ **무덤 주인 부부도 :** 남포시 쌍영총 벽화(5세기). 주인 부부가 신발을 벗고 평상에 앉아 있는 그림이다. 옆에는 시중을 들고 있는 하인들이 아주 작게 표현되어 있다. 살아서 백년 가약을 맺은 이 부부는 죽어서도 이와 같은 부귀영화를 누리며 부부의 연이 계속되기를 기원하고 있다.

▲▶ **영강7년명(銘) 금동 광배(光背)**
1946년 평양 평천리에 있는 고구려 폐사지에서 출토된 광배(후광). 높이 21cm, 너비 15cm. '영강7년명'은 '영강7년'이란 글자가 새겨져 있다는 뜻이다. 돌아가신 어머니를 위해 불상을 바친다는 뒷면의 글(위 사진)에서 효도가 고구려에서도 큰 덕목이었음을 알 수 있다.

고구려의 명문가들 ● 온달은 가난한 하층 귀족의 집에서 태어났으나 글과 무예를 익혀 대형(大兄) 벼슬에까지 올랐다. 그러나 이것은 매우 예외적이고 전설적인 예일 뿐이다.

엄격한 신분제 사회인 고구려에서 가문의 배경은 출세에 큰 영향을 미친다. 태학에 들어가서 교육을 받아야 성공을 꿈이라도 꿀 수 있는데, 귀족의 자제가 아니면 입학은 꿈도 꿀 수 없다. 다음 7세기의 일이지만, 권력자 연개소문의 아들 남생은 가문의 후광을 업고 겨우 아홉 살의 나이에 선인이라는 최하급 관등에 오른다. 그 후 그는 초고속 출세 가도를 달려 28세라는 젊은 나이에 2급 관등에 해당하는 막리지 자리를 차지했다.

이처럼 좋은 가문의 징표는 왕실이나 귀족만 가졌던 성씨이다. 최고의 지위인 왕은 처음 해(解)씨에서 나오다가 고(高)씨로 넘어갔으며, 왕비도 한동안 우(于)씨 중에서만 골랐다. 귀족들 가운데 성을 가졌던 예로는 연개소문의 연(淵)씨와 부정(負鼎)씨 등을 꼽을 수 있다. 연씨는 조상이 샘에서 나왔다는 전설이 있고, 부정씨는 짧은 시간에 많은 밥을 할 수 있는 성능 좋은 쇠솥을 가지고 있는 데서 유래하였다.

학교 : 소수림왕 2년(372년)
관료를 양성하기 위해 세운 국립 학교 태학(太學)은 기록상 우리 나라 최초의 학교이다. 국자박사 · 태학박사 등이 유교 경전, 문학, 무예 등을 귀족 자제들에게 가르쳤다. 한편 평민들은 지방에 설립된 사립 학교 경당에서 밤낮으로 책을 읽고 경전을 외우거나 기예를 익혔다(그림). 이 같은 경당은 각 촌락의 청소년 집회를 군사 조직으로 개편하는 과정에서 생겨난 것으로 신라 화랑과 비교된다.

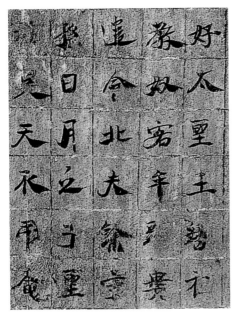

▲ **고구려의 문자 문화** : 중국 지린성 모두루묘의 묵서 묘지명(5세기). 무덤 앞방 안쪽 벽에 암전히 붙어 있다. 모두루는 광개토대왕 때 대사자(大使者)직을 지낸 사람이다. 800여 자나 되는 긴 글을 바둑판 같은 바탕에 또박또박 써 나갔다. 여기서 고구려 지식층이 일상 생활에서 한자를 사용하여 문서를 작성하고 의사 소통을 했음을 알 수 있다.

◉ 고구려인의 언어 생활

『삼국지』 위서 동이전에 고구려 언어가 부여 언어와 비슷하고 옥저 · 예도 비슷하다고 되어 있는 것으로 보아, 이들은 하나의 어군을 이룬 것 같다. 『삼국사기』 지리지에는 같은 지명에 대하여 한자의 음을 빌려 표기한 것과 훈(訓)을 빌려 표기한 것이 있어 이를 재구성하면 100개 정도의 고구려 단어를 짐작해 볼 수 있다고 한다. 이 같은 작업을 통해 연구된 몇 가지 고구려 어휘를 살펴보자.

곶 (입)	내미 (연못, 바다)
단 (골짜기)	달 (산, 높다)
매 (물, 시내)	파의 (엄하다)
홀 (성 · 城)	

밀 (3)	웇 (5)	나는 (7)	덕 (10)

언어학자들은 이상의 성과를 토대로 볼 때 고구려어는 신라어(또는 중세 국어, 즉 고려어)와 다른 점이 많았으나 가까운 친족 관계에 있었다고 추측한다. 그리고 만주 퉁구스계 언어와도 친족 관계에 있었으나 신라어와의 사이보다는 멀었던 것으로 추정한다. 그렇다면 고구려어는 알타이계 언어들과 오늘날의 국어를 이어 주는 다리 역할을 한 언어였던 셈이다.

▲ **고구려인의 나들이** : 집을 나선 귀족 집 식구들이 나들이를 간다. 왕의 초대를 받고 왕궁
연회장을 향해 가는 길은 아닐까? 바닥에 깔린 보도 블록 위로 귀족 부부가 나들이를 나서고 있다.
부부 뒤에는 시종들이 일산을 받쳐들고 있고, 뒤따르는 날씬한 시종들은 모두
회색 주름치마에 검은 모자를 쓰고 있다. 맞은편에서 재주꾼들이 장대 걷기, 통굴리기,
여러 개의 공과 막대를 번갈아 받기 등 재주를 한껏 펼치고 있다. 수산리 고분 벽화는
섬세하고 우아한 고구려 화풍을 보여 주는 대표적인 예이다.
특히 명주실처럼 가늘고 부드러운 선과 선명한 색감을 지닌 여주인공은 당대의 걸작이다.
긴 저고리에 색동 주름치마를 입은 옷차림은 7세기 일본 다카마쓰 고분에도 똑같이 나와 고구려와
일본의 깊은 역사적 관계를 보여 준다.

▲ **남포시 수산리 고분 벽화(5세기)** : 왼그림은 이 벽화의 훼손된 부분을 수정 복원한 것이다.

고구려 야회복 컬렉션

올 가을 귀족들의 패션은 남녀 모두 '물방울 무늬'와 여성들의 색동 주름치마가 주도할 것으로 보인다. 아름다움과 실용성의 완벽한 조화. 고구려 귀족들의 연회장만큼 이런 말이 상투적이지 않게 가슴에 다가오는 곳도 그리 많지 않을 것이다. 씩씩하고 호방한 삶을 사는 그들답게 활동에 전혀 지장을 주지 않으면서도, 아름다운 고분 벽화를 창조한 미적 감각 그대로 세련된 옷맵시를 드러 내고 있다. 고구려 패션의 힘은 그들의 문화적 포용성 속에 서 발휘되는 강한 개성에 있는 것 같다. 중국이나 서역에서 수입한 고급 소재를 쓰더라도 재단은 고구려인의 매운 손끝으로 마무리해 모든 의상에서 그들만의 체취가 강렬하게 묻어 나온다.

※이곳의 그림들은 고분 벽화를 소재로 하여 재구성했습니다.
6세기 고구려인이 독자적인 복식을 했을 것으로 보고 모든 복장은 중국식 우임(오른쪽 여밈)이 아닌 좌임(왼쪽 여밈)으로 통일했습니다.

◀ 금 귀고리 : 가는고리귀고리(왼쪽)는 남포시 약수리 고분에서 출토된 것으로 가야 계통의 귀고리와 비슷하고, 굵은고리귀고리는 평안남도 대동군에서 출토된 것으로 길이는 4.5cm이다. 고리 밑에 샛장식과 드리개 장식이 갖추어져 있는 이런 형식은 삼국 시대에 전형적인 것이었다.

절풍: 나이 지긋한 □ 쓰는 모자. 족두리 머리에 쓰고 흘러 않도록 끈으로 묶○ 여기에 새 깃털을 □ 대표적인 관리 모지 조우관(鳥羽冠)이○

▲ 귀족 부인들의 화려한 외출 : 남포시 덕흥리 고분 벽화(408년). 귀족 집안의 여인들이 나들이를 나가고 있다. 가운데 쇠수레에는 '주인 마님'이 타고 있는 것으로 보인다. 주름 치마를 입은 여인들에 둘러싸여 바지를 입고 소를 모는 두 여인의 모습이 인상적이다.

귀족 여성

모든 것이 풍성하다. 머리, 치마, 저고리가 모두 길고 풍성하며 늘어진 소매에도 여유가 넘친다. 눈두덩의 붉은 화장과 붉은 연지, 붉은 입술이 귀부인의 품위 를 한층 높이고 있다. 고급 비단에 자수를 곁들인 저 고리 아랫단과 색색 천을 이어 붙인 색동 주름치마가 첨단의 감각을 보여 준다. 수산리 고분 벽화 참조.

귀족 남성

역시 편안하고 풍성한 차림새 속에서 머리에 쓴 절풍 과 귀고리가 눈에 띈다. 이 차림은 실내외에서 평상복 으로 다 입을 수 있으며, 절풍에 깃털을 꽂고 비단 두 루마기를 입으면 바로 고급 연회에도 참석할 수 있다. 잘 다듬은 턱수염과 점박이 무늬, 일명 '물방울 무늬' 가 악센트를 주고 있다. 수산리 고분 벽화 참조.

물방울 무늬 : 일명 '땡땡이' 무늬라고 하는 이 점박이 무늬는 고구려 고분 벽화 곳곳에서 눈에 띈다. 상쾌한 느낌을 주는 이 무늬는 현대 의상에도 종종 응용되어 패션의 '영원한 모티프'로 불린다.

귀 족 의 시 녀

활동이 많은 시녀의 옷은 주인 부부에 비해 몸에 맞게 디자인되었다. 소매는 짧고 좁으며, 치마도 짧게 재단하여 속바지가 보인다. 예쁘게 화장은 했지만 귀고리나 팔찌 같은 장신구를 달지 않은 데서도 그의 활동성을 엿볼 수 있다. 긴 저고리의 '물방울 무늬'와 주름치마는 이 시대 유행의 기본이 무엇인지를 짐작하게 해준다. 마름모꼴, 직선, 동그라미 등 다양한 기하학 무늬로 이루어진 물방울 무늬는 활자처럼 만들어 찍었거나 직조 과정에서 짜 넣었을 것으로 추측된다. 귀부인처럼 머리를 말아올리지 않고 리본으로 단정하게 묶은 것은 그가 미혼이라는 증거이다.

중국 지린성 무용총 고분 벽화(5세기)의 시녀를 모델로 삼아 그렸다.

왕 의 시 녀

머리 위에 가채를 얹고 저고리 위에 조끼 또는 숄처럼 보이는 겉옷을 두른 이 여인의 패션 감각에 어떤 디자이너가 감히 점수를 매길 수 있을까? 차를 나르고 있는 두 손목 아래로 늘어진 속옷의 소매 선이 예쁘다. 황해도 안악 3호분 벽화(357년) 참조.

고 구 려 의 케 니 G

이 대담한 연출을 무어라고 표현할 수 있을까? 모자 위에 삐죽 올라간 장식에서부터 온몸을 뒤덮고 있는 삼각 재단을 보노라면 우리 눈은 잠시 어지럽지만 오래도록 즐겁다. 물결치는 뒷머리와 도발적인 맨발도 멋지다. 유선형의 뿔나팔은 외국에서 수입한 물소뿔로 만들지 않았을까?

아름다운 예술가가 뿔나팔로 뿜어내는 아름다운 선율은 우리를 천상 세계로 인도하는 듯하다.

그런데, 과연 이 음악인은 이처럼 대담한 노출의 패션을 점잖은 왕과 귀족 앞에서 구사할 수 있었을까? 어쩌면 현실에서는 금지되어 있으되 꼭 연출하고 싶은 패션을 벽화 고분 천장에 신의 옷으로 표현한 것인지도 모른다.

중국 지린성 무용총 벽화(5세기)의 '뿔나팔을 든 선인'을 모델로 삼아 그렸다.

왕궁 | 고씨 집안 맏아들만 빼고 다 비켜라

장안성 안으로 옮겨간 왕궁에서 흐드러진 연회가 계속되는 동안, 고즈넉한 안학궁에는 몇몇 하급 관리와 노비들만 오가며 다가오는 동맹 축제 준비에 바쁘다. 얼마 전만 해도 모든 고구려인이 우러르던 곳. 장수왕 이래 여섯 왕이 기거하며 고구려의 전성기를 이끌던 곳. 막강한 권력자이면서도 외로운 존재일 수밖에 없는 왕들의 희로애락이 궁 안 구석구석에 묻어 있다.

왕이라는 이름의 고독 ●

2대 유리왕이 지어 왕실의 애창곡이 된 노래가 있다.

"꾀꼬리 오락가락, 암수 서로 노니는데 외로워라 이 내 몸은 뉘와곰 돌아갈꼬"(『황조가』).

전혀 외롭지 않을 듯한 왕이 이런 노래를 부른 사연은 무엇일까. 유리왕에게는 화희와 치희라는 애첩이 둘 있었다. 그런데 어느 날 그가 사냥을 나간 사이 화희가 치희를 모욕하여 한나라로 쫓아 버렸다. 유리왕은 꾀꼬리 한 쌍을 보고 치희에 대한 그리움이 치밀어 이 시를 읊었다고 한다.

귀족도 두세 명의 부인과 첩을 거느리는데 하물며 왕에게 여인들이 없으랴! 그러나 사실 왕은 사랑도 함부로 할 수 없는 존재이다. 지난 544년, 안학궁은 왕의 여인들로 인해 피바다가 되었다. 그 해 안원왕이 죽자 그의 두 왕비는 서로 자기 아들을 왕으로 삼으려고 했고, 귀족들도 둘로 갈라져 추악한 패싸움을 벌였다. 패한

쪽에서 2천 명이 죽는 끔찍한 살륙전 끝에 왕위에 오른 이가 양원왕이다. 그가 장안성을 짓게 된 것은 안학궁에 밴 피비린내가 싫었던 탓이기도 했다. 그의 맏아들로 왕위에 오른 지금의 평원왕도 일찌감치 맏아들을 태자로 봉하고 몸조심을 해왔다. 권력에 굶주린 귀족들로부터 왕권을 보호하는 가장 확실한 방법은 왕위 계승을 분명히 하는 것이기 때문이다.

권력은 집안 단속에서 나온다 ●

6대 태조왕이 해(解)씨로부터 왕위를 빼앗은 이래 고구려에서 왕이 될 수 있는 사람은 고(高)씨 남자뿐이다. 평원왕의 딸인 평강 공주나 그 남편인 온달은 아무리 똑똑해도 왕이 될 수 없었다.

처음에는 형이 아우에게 왕위를 물려주었다. 이때는 왕이 살아 있어도 왕의 동생들이 높은 지위를 누리면서 나라 일에 적극 개입하였다. 왕은 초월적인 존재가 아니라 고씨 왕족의 대표에 지나지 않았다. 다른 귀족 집단에 대해 왕족 전체의 이익을 지키는 게 우선이었기 때문이다. 그러다가 고씨 권력이 안정되자 왕의 권력을 강화하기 위해 왕족 전

체보다는 한 가문에 권력을 몰아주는 부자상속제로 바꾼 것이다. 9대 고국천왕 때부터의 일이다. 그런데 부인이 여럿이면 누구의 소생을 맏아들로 할지 혼란스러워 안학궁의 패싸움 같은 게 일어날 수 있다. 그래서 한때는 우씨 중에서만 왕비를 고르기도 했다. 어쨌든 고구려 왕은 여자 문제에 최대한 신경을 쓸 수밖에 없다.

안학궁은 국내성과 달리 궁을 둘러싼 평지성이 따로 없고 귀족들과 평민들은 궁 밖에서 살았다. 그러니까 안학궁이 평지성, 뒤편에 자리잡은 대성산성이 산성의 역할을 한 셈이다. 안학궁의 규모와 구조는 1957년부터 시작된 발굴로 밝혀졌다. 좌우가 대칭을 이루는 중국 궁궐의 형태를 취하면서도 전체 윤곽은 고구려 특색의 평행사변형을 취하고 있다. 궁성 한 변의 길이는 622m, 넓이는 38만㎡이다. 성벽은 밑부분의 평균 너비가 8.8m나 되고 안팎을 돌로 쌓은 뒤 그 안에 진흙을 다져 넣었다.

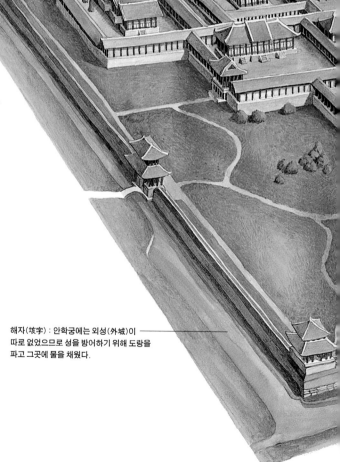

해자(垓字) : 안학궁에는 외성(外城)이 따로 없었으므로 성을 방어하기 위해 도랑을 파고 그곳에 물을 채웠다.

▲ **왕궁의 주춧돌일까** : 중국 지린성 지안시의 국내성 유적에서 동쪽으로 조금 떨어진 둥타이즈 (東臺子) 유적. 여기서 사진과 같은 거대한 돌덩어리들이 발견되었다. 이것들은 왕궁의 주춧돌이라는 설도 있고 절의 주춧돌이라는 설도 있다. 주춧돌은 육중한 기둥을 받치며 기둥의 무게를 땅에 전달하는 역할을 하는 구조물이다. 윗면을 잘 다듬어 기둥을 얹히는 주춧돌은 고대 궁궐이나 사찰에서 주로 사용되었다. 지안 박물관 앞뜰에 옮겨져 보관중인 것을 촬영하였다.

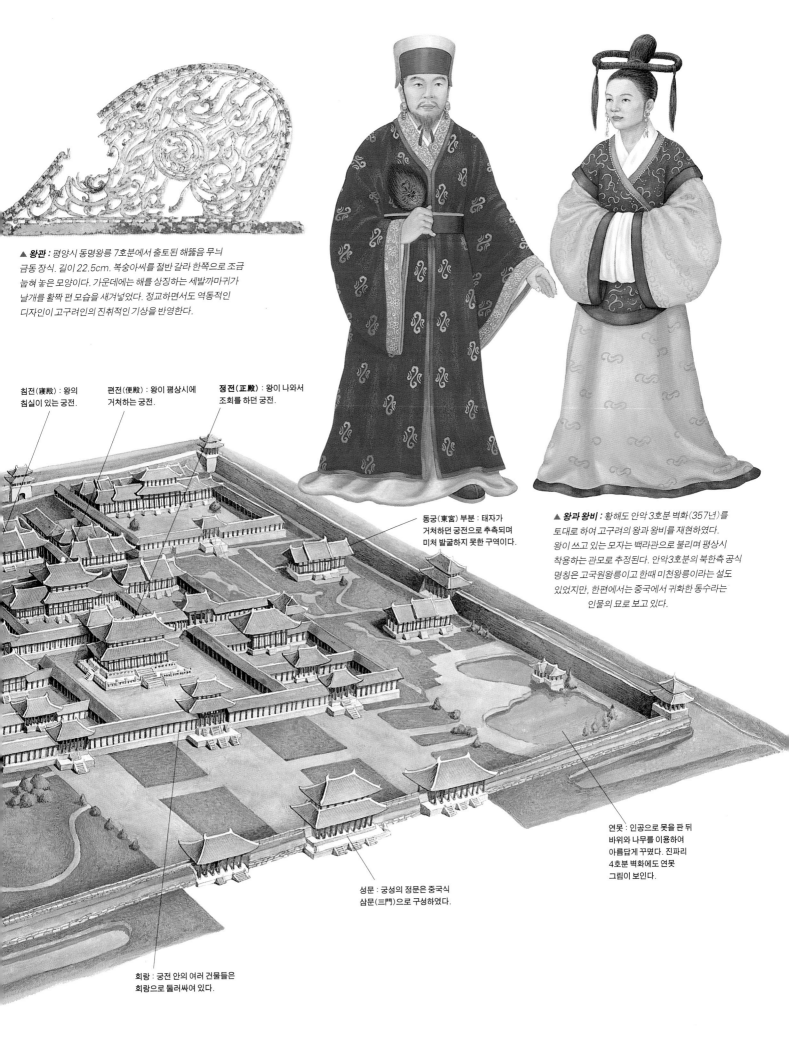

▲ **왕관** : 평양시 동명왕릉 7호분에서 출토된 해뚫음 무늬 금동 장식. 길이 22.5cm. 복숭아씨를 절반 갈라 한쪽으로 조금 눕혀 놓은 모양이다. 가운데에는 해를 상징하는 세발까마귀가 날개를 활짝 편 모습을 새겨넣었다. 정교하면서도 역동적인 디자인이 고구려인의 진취적인 기상을 반영한다.

침전(寢殿) : 왕의 침실이 있는 궁전.

편전(便殿) : 왕이 평상시에 거처하는 궁전.

정전(正殿) : 왕이 나와서 조회를 하던 궁전.

동궁(東宮) 부분 : 태자가 거처하면 궁전으로 추측되며 미처 발굴하지 못한 구역이다.

▲ **왕과 왕비** : 황해도 안악 3호분 벽화(357년)를 토대로 하여 고구려의 왕과 왕비를 재현하였다. 왕이 쓰고 있는 모자는 백라관으로 불리며 평상시 착용하는 관모로 추정된다. 안악3호분의 북한측 공식 명칭은 고국원왕릉이고 한때 미천왕릉이라는 설도 있었지만, 한편에서는 중국에서 귀화한 동수라는 인물의 묘로 보고 있다.

연못 : 인공으로 못을 판 뒤 바위와 나무를 이용하여 아름답게 꾸몄다. 진파리 4호분 벽화에도 연못 그림이 보인다.

성문 : 궁성의 정문은 중국식 삼문(三門)으로 구성하였다.

회랑 : 궁전 안의 여러 건물들은 회랑으로 둘러싸여 있다.

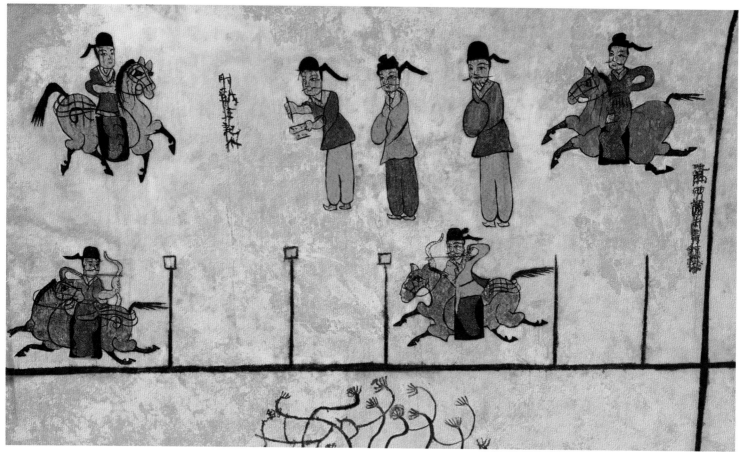

▲ **기마 궁술 대회** : 평양시 덕흥리 고분 벽화(408년). 차례로 말을 달리며 활을 쏘아 화살로 과녁을 가장 많이 맞힌 사람이 이기는 놀이이다. 기마 전투 능력을 향상시키는 훈련을 겸한 놀이였다.

▲ **호랑이 사냥** : 중국 지린성 무용총 벽화. 조우관을 쓴 무사가 말 위에서 팽팽하게 활시위를 당기면서 앞서 달리는 호랑이를 쏘려는 찰나이다. 화살촉의 모양이 독특하다. 뒤에는 산이 재미있게 묘사되어 있고 옆에는 사냥개가 함께 달리고 있다.

놀이와 여가 | 축제는 생활의 무지개

음력 10월. 동맹(東盟)의 계절이 왔다. 성안 사람들은 왕과 함께 산으로 올라간다. 행렬이 자못 크다. 국내성 시절 나라 동쪽에 있는 큰 동굴 앞에 모여 조상에게 절을 올리던 관습이 이어진 것이다. 동굴 안팎에는 나무로 만든 시조 주몽상과 그 어머니 유화 부인상이 자리잡고 있다. 한 해를 결산하는 축제의 꽃은 이와 같은 시조신에 대한 제사이지만, 그와 함께 흥미로운 행사가 다채롭게 펼쳐진다.

사냥 -고구려인의 으뜸 레포츠 ● 축제의 날 아침. 왕의 사위인 온달의 신호에 맞추어 사냥터로 몰려가는 무리가 있다. 몇 년 전 중국 북주(北周)의 침략군을 선봉에 서서 격퇴한 온달 장군은 고구려 젊은이들의 우상이다. 젊은 사냥꾼들은 언제 엄숙한 표정을 짓고 있었느냐는 듯 잔뜩 신이 나서 북을 치고 나팔을 불면서 어깨춤까지 춘다. 앞산 봉우리와 골짜기에는 어느 새 몰이꾼들이 노루와 사슴 따위를 말 탄 사냥꾼들 앞으로 몰아가고 있다.

넓은 만주 벌판과 험한 산악을 끼고 있는 고구려에서는 일찍이 사냥이 발달하였다. 매를 가지고 날짐승을 잡는 사냥법, 사냥개를 이용한 사냥법 등 다양한 방법이 있지만, 기본은 역시 말을 타고 활을 쏘아서 잡는 것이다.

사냥은 먹을거리를 얻는 수단으로 시작되었지만, 이제는 군사 훈련이자 전국민의 인기 체육 종목으로 자리잡았다. 동맹 같은 국가 제사를 앞둔 때에는 왕도 직접 대규모 사냥에 참여하여 희생 제물을 마련한다. 이럴 때면 젊은이들은 그 동안 기른 기량을 뽐내며 시합을 하기도 해, 그 가운데 새로운 스타가 나타나기도 한다.

씨름과 수박희 – 천하장사 결정전 ● 한쪽

모래판에서는 웃통을 벗어붙인 젊은이들이 서로 허리를 맞잡은 채 밀고 당긴다. 또 한쪽 마당에서는 두 젊은이가 서로 떨어진 상태에서 팔을 내뻗으며 겨루고 있다. 씨름과 수박희가 벌어진 것이다. 선수들의 동작 하나하나, 관중들의 시선 하나하나가 매우 진지하고 경건하기까지 하다. 이 두 가지 운동은 하늘 세계에서 선인들도 즐기는 것으로 믿을 만큼 신성한 종목으로 여겨지기 때문이다.

그런데, 자세히 보면 두 경기 모두 한쪽은 고구려인인데 다른 한쪽은 코가 높고 눈이 큰 서역인이다. 이들은 하나같이 허벅다리가 웬만한 남자 허리만큼 굵고 온몸이 우람한 근육질로 다듬어져 있다. 취미로 운동을 하는 아마추어들은 아닌 것이 분명하다. 평양이 국제 도시로 자리잡다 보니 축제 때는 이처럼 천하 각지에서 선수들이 모여들어 사람들 앞에서 명예를 걸고 그동안 갈고 닦은 기량을 선보이는 것이다.

고구려의 '평양 교예단' ● 한쪽에서는 교

예단의 공연이 한창이다. 고조선 시대 이래 평양 지역의 교예단은 고난도의 묘기로 정평이 나 있다. 우선 가면 쓴 원숭이들이 눈에 들어온다. 한 놈이 쏜살같이 나무에서 내려와 한 구경꾼의 두건을 낚아채더니 흰곰 가면을 쓴 다른 놈 앞에 가서 죽은 척 납작 엎드린다.

한쪽에서는 '간두희'라는 곡예가 한창이다. 고개를 젖힌 재주꾼이 공을 높이 던져 올린 다음 막대 끝에 올려놓은 평판으로 떨어지는 공을 받는 묘기이다. 그 뒤에서는 마술 쇼가 벌어지고 있는데, 구경을 하던 노인이 뒤에서 갑작스레 나타난 두 마리 말에 놀라 엉덩방아를 찧는다. 말을 탄 광대는 노인에게 씩 웃어 보이고는 말 곡예를 계속한다. 말이 뛰자 그 옆에서 목에 검은 띠를 두른 흰 강아지도 같이 뛴다.

도둑잡기 놀이도 인기다. 가축을 훔쳐 맨발로 도망가는 자와 회초리를 들고 쫓아가는 자의 연기 앙상블은 폭소를 자아내기에 충분하다.

축제의 정치학 ● 초기의 동맹은 "읍락의 남

녀들이 밤에 모여 서로 노래와 놀이를 즐기며 10월에 제천을 하면서 국중 대회를 여는"(『삼국지』위서 동이전) 모습이었다. 이때 사람들은 왕이나 읍락 지도자의 주관 아래 한 해를 결산하며 새해를 대비하는 중요한 일들을 의논하였다.

그 뒤 집단의 규모가 커지면서 동맹에 모든 사람이 참석하는 것은 어려워졌다. 이제 평양의 동맹은 왕, 중앙 관리, 지방의 각 부 대표, 주민 일부가 참석하는 행사로 바뀌었다. 동맹에서 나라 일을 의논하는 일은 없어지고, 제사를 끝내고 나면 다 함께 음주가무와 유희를 즐긴다. 백성을 다스리는 일은 관료제와 율령만으로도 충분히 가능해졌기 때문이다.

동맹은 전에도 축제였고 지금도 축제이지만, 이제는 정치적 의미보다는 사람들에게 '우리는 하나'라는 느낌을 주는, 정서적인 사회 통합의 의미가 강하다.

◀ 수박희 : 중국 지린성 무용총 벽화(5세기). 주변에 연꽃이 그려져 있는 것으로 보아 수박희가 신성한 운동으로 여겨졌다는 것을 알 수 있다. 각저총 벽화에도 두 씨름 선수와 심판하는 노인 사이에 하늘 세계의 새구름 무늬가 표현되어 있다. 수박희는 고려 시대와 조선 시대에도 무술 훈련의 기본기로 삼았고, 조선 시대에는 무과(武科) 시험 과목으로 삼았다. 13세기 『무예도보통지』에는 수박권법을 그림으로 해설해 주고 있다. 수박희 그림은 삼실총, 안악 3호분에서도 찾아볼 수 있다.

사람들을 즐겁게 하는 데는 내가 최고
◀ 왼쪽 그림 ① 북 장단에 맞추어 뿔나팔을 불며 마상 묘기를 펼치는 모습. ② 두 사람이 화려한 검술을 자랑하며 격투를 벌이는 모습. ③ 장대걷기 하는 사람 옆에서 완함으로 반주를 해주는 모습(이상 팔청리 고분 벽화).
▲ 위 그림 ④ 한 손을 사용, 살이 많은 큰 바퀴를 공중으로 던져서 받는 묘기. ⑤ 여러 개의 공과 세 개의 막대기를 번갈아 던져 올렸다가 받는 곡예 모습. ⑥ 높은 나무 다리 위에 올라가 팔을 펴서 균형을 잡으며 걸어가는 묘기 장면(이상 수산리 고분 벽화).

◀ **장고 치는 선인** : 중국 지린성 오회분 4호묘 벽화(5세기). 고구려 고분 벽화에 남아 있는 가장 아름다운 연주 장면의 하나로 평가된다. 손바닥으로 가볍게 장고를 두드리는 선인의 자세가 요즘의 장고 연주를 보는 듯하다. 장고는 중앙아시아 지역에서 유행하던 것으로 요고로도 불린다. 아래는 북한에서 재현한 장고의 모습이다.

◀ **거문고를 연주하는 선인** : 중국 지린성 무용총 벽화(5세기). 귀와 목이 유난히 긴 선인이 거문고를 무릎에 올려놓고 연주에 몰두하고 있다. 거문고 줄을 뜯는 손가락의 구부러짐이 정확하다.

축제는 음악을 싣고 ● 사람들의 정서를 하나로 모으는 데 춤과 음악만한 것이 있으랴. 휘영청 밝은 달이 뜨자, 사람들이 한데 모이고 삼각머리 모양에 옷도 삼각으로 재단하여 멋을 부린 궁중 악사가 거문고를 연주한다. 고구려인이 우러르는 음악가 왕산악이 지었다는 100곡 가운데 하나이다. 거문고는 중국 진나라에서 들어온 일곱 줄의 칠현금을 왕산악이 여섯 줄로 바꾼 것이라고 하지만, 그 원형은 이미 고구려에도 있었다. 오동나무와 밤나무를 잇대어 붙인 울림통 위에서 여섯 줄의 명주실이 자아내는 거문고의 선율은 깊고도 장중하다. 그 옆으로 검은 학의 탈을 쓴 무용수들이 아름다운 동작으로 춤을 춘다. 왕산악이 거문고를 연주할 때 검은 학이 날아들어 춤을 추었다는 전설을 기리는 춤이다.

일행은 장중한 선율 속에 제사를 마치고 본격적인 음주가무를 시작한다. 비파를 닮은 완함(阮咸)의 애잔한 선율에 저 유명한 유리왕의 사랑 노래가 어우러지면서 축제의 밤은 깊어 간다.

▶ **뿔나팔** : 중국 지린성 무용총 벽화(5세기). 고구려 고분 벽화에 가장 많이 등장하는 관악기인 뿔나팔은 본래 신호용으로 쓰이다가 군악과 일반 음악용으로 개량되면서 크고 작은 여러 종류가 선보이게 되었다.

고구려 관현악단 ● 올 동맹에는 수나라의 '칠부기(七部伎)'에 파견 나갔던 고구려 악단인 '고려기'가 돌아와 축제 대열에 합류하였다. 칠부기란 고구려, 인도, 사마르칸드 등 중국 주변의 일곱 나라로부터 수나라 궁중에 파견되어 음악을 연주하는 '관현악단'들을 말한다.

이 가운데 고려기는 18명의 악사와 14종의 악기로 구성되는데, 이들을 포함해 고구려의 풍부한 악기 구성을 살펴보면 다음과 같다.

현악기로는 거문고와 완함 외에 고조선 때부터 내려왔다는 '공후'라는 악기가 있고, 관악기로는 뿔나팔과 각종 피리가 있다. 이 가운데 피리는 가로로 부는 대금·중금과 세로로 부는 소(簫) 등으로 나뉘는데, 이들은 중앙아시아의 카쉬가르·쿠차 등에서 널리 사용되던 악기이다.

이런 악기들이 멋진 화음을 이루며 하늘과 지상의 조화를 이끌어내면, 여기에 리듬 악기인 북과 장고가 가세하고 춤꾼들이 등장하면서 본격적인 춤의 세계가 펼쳐진다.

고구려 무용단 ● 고구려 춤꾼들은 참으로 다양한 형식을 소화한다. 혼자서도 추고 둘이서도 추며 여럿이 어울려 추기도 한다. 공이나 끈을 가지고 리듬체조 같은 춤을 추기도 하고, 맨손으로 아름다운 율동을 연출하기도 한다. 남녀 합창에 맞추기도 하고, 갖가지 악기의 연주에 맞추기도 한다.

여자의 춤은 부드러운 동작이 매력이다. 옷도 이에 맞게 두루마기를 잘 차려 입는다. 바지저고리를 입는 경우에도 긴 소매 저고리를 입고 색조를 잘 맞춘다. 반주는 춤의 특성에 잘 맞게 아름답고 서정적인 음률을 내는 거문고나 완함이 아니면 화려한 관현악이 동원된다. 예쁘게 화장하고 긴 옷소매를 나풀거리는 여인들의 춤사위 앞에서 총각들은 숨을 죽인다.

소녀들의 애간장을 녹이는 남자 무용수도 있다. 바지저고리를 입고 칼·창 등의 무기나 북을 든 춤꾼이 크고 씩씩한 동작을 선보이면 소녀들의 뺨에는 석양의 노을이 붉게 물든다.

▲ **춤추는 다섯 명의 무용수** : 중국 지린성 무용총 벽화(5세기). 여러 명이 긴 소매를 늘어뜨리고 소매춤을 추는 장면이다. 팔의 모양이 어색한 것은 동작을 정확히 표현하려는 욕심의 산물.

▶ **메는 북** : 북은 악대의 주요 요소였기 때문에 북의 멜대 위에 양산을 설치하고 세워 쓰기를 겸할 경우에 대비해 다리도 덧붙였다. 그 밖에도 북틀에 매달아 연주하는 북도 있고, 말 위에서 치는 이른바 '말북'도 있다. 손에 채를 쥐고 치는 작은 북도 있는데, 이것은 '손북'이라고 부른다.

과거와 현재의 전령사들

"벽화는 거대한 춤판"

고구려인은 과연 어떤 춤들을 즐겨 추었을까? '춤꾼' 이애주 교수는 고구려 벽화의 거의 모든 장면에서 이 질문에 대한 답을 찾는다. 벽화 자체가 하나의 거대한 춤판이기 때문이다.

먼저 가장 중심이 되는 춤은 맨손으로 추는 사위춤이다. 무용총에서 땡땡이 무늬 옷을 입은 춤꾼들이 긴 소매가 달린 옷을 입고 추는 '소매춤'을 말한다(왼쪽 아래 그림). 이 같은 소매춤에는 사람 수에 따라 혼자 추는 독무(獨舞), 둘이 추는 쌍무(雙舞), 여럿이 추는 군무(群舞)가 있다.

둘째, 여러 행렬에 나타나는 '행렬춤'이 있다. 웅장하고 거대한 행렬 가운데 나와 혼자나 둘이서 춤을 추는데 그 방법은 다양하다. 병사들이 무기를 들고 추는 쌍영총의 창춤, 안악 3호분의 칼춤 등 무기춤이 있는가 하면, 약수리 고분의 수렵도에 나타나 있는 사냥춤이 있다. 군무로는 안악 3호분에 보이는 '3인무'가 확인된다.

셋째, 서민들이 즐기던 춤인 '곡예춤'. 이 춤은 종류가 다양한 것이 특징인데 나무다리춤, 공춤, 작대춤, 고리춤, 수레바퀴춤 등이 확인된다. 여기서 고구려 서민들은 생활에 사용되던 도구들을 그대로 춤에서 사용하며 즐겼음을 알 수 있다.

넷째는 '무예춤'이다. 각 무덤을 지키고 있는 수문장격인 힘장사들의 몸짓이 대표적이다. 손뼉을 치며 추는 손뼉춤은 건강과 운동의 관점에서 하는 체조에 해당하고, 두 명이 대련하는 씨름춤에도 춤과 운동이라는 측면에서 서민적이고 소박한 삶의 즐거움이 건강하게 나타나고 있다.

"고구려 춤은 고구려인의 풍부한 삶과 사상을 폭넓게 담고 있어 상상 이상으로 다양했어요. 벽화에 나타난 고구려 춤을 보세요. 생동하는 몸짓이 정확히 포착되어 마치 살아 움직이는 느낌을 주죠? 고구려인의 예술적 표현력과 전문성은 이것으로 알 수 있어요. 고구려 문화는 한마디로 춤의 문화랍니다."

이애주 교수

1947년 서울 출생
서울대 체육교육과 졸업
30년간 승무 등 전통 춤 수련
중요무형문화재 제27호 승무 보유자
현 서울대 체육교육과 교수

성 안팎이 하나 되어

국가적인 위기 상황이 닥치면 평지성의 안과 밖은 하나가 된다. 국경 초소에서 외적의 침입을 알리면 성의 안과 밖에서 평화로운 삶을 누리던 사람들이 함께 짐을 싸들고 산성으로 올라간다. 그들 모두에게는 당장의 불편을 감수하더라도 지켜야 할 공동의 '고구려적 가치'가 있기 때문이다.

전쟁 | 산성으로 올라가는 사람들

평지성 : 고구려는 몇 차례 도성을 함락당한 적이 있다. 244년(동천왕 18년) 위나라 관구검, 342년(고국원왕 12년) 연왕 모용황이 도성을 점령했으나, 고구려는 끝내 항복하지 않고 복귀하였다.

결사항전의 의지 : 6세기 말에서 7세기 후반까지 고구려는 중국의 통일 제국인 수나라와 당나라의 잇따른 대규모 침략을 받으면서도 이를 단호히 격퇴하여 동북아시아 역사에 강인한 인상을 남겼다. 이 같은 고구려인의 힘은 일단 유사시에 성 안팎이 하나가 되어 어떤 희생을 무릅쓰고라도 내 고을을 지키겠다는 결의와 단결력에서 나왔다.

고구려 사람들만큼 민방위 훈련에 철저히 숙달
되어 있는 사람들도 없다. 중국을 통일한 수나라
군대가 드디어 국경을 넘었다는 소식이 전해 오
자, 성 안팎에서 평화롭게 살던 사람들은 일사불
란하게 짐을 꾸리고 산성으로 행군한다. 용대는
쇠붙이를 들고, 을밀은 수레를 끌고……. 적군
이 양식을 얻지 못하도록 들판에서 자라는 곡식
들은 모조리 태워 버린다. 이른바 '청야(淸野) 전
술', 즉 들판을 모조리 비워 버리는 이 전술에서
는 결사항전의 굳센 의지가 엿보인다.

▲ 산성 안에는 무엇이 있었을까 : 중국 지린성에 있는 용담산성의 웅장한 모습. 사진 왼쪽으로 비스듬히 산성이 보인다.
이 산성은 뒤쪽의 능선을 따라 이어져 있었다. 가운데 보이는 것이 '용담'이라고 불리는 일종의 저수지로, 성안에 사는
사람들의 식수 해결을 책임지고 있었다. 용담을 보아도 알 수 있는 것처럼 산성은 오랜 기간 많은 사람들이 생활할 수 있는
규모와 시설을 갖추고 있었다. 오른쪽에 보이는 절은 도교 사원인 득리사이다.

일당백! 고구려 용사들 ● 남자는 온돌에 불
을 때고 여자는 우물에서 물을 길어다 음식을
만드는 사이에 일당백의 전력을 갖춘 정규군이
대오를 갖추고 각 진지와 치(雉)에 배치되었다.

고구려의 지상군은 기병과 보병으로 나뉘는
데, 실제 전투는 대개 기병과 보병의 합동 작전
으로 이루어진다. 수는 보병이 많지만 주력은
기병이다. 서로 무장도 다르다. 기병은 활, 긴
창, 칼 등을 지니고 투구에 갑옷을 입었다. 말까
지 갑옷과 투구로 완전 무장시킨 기병을 철기
(鐵騎)라고 부른다. 반면 보병은 활, 칼, 짧은 창,
도끼, 갈고리를 주무기로 하되, 갑옷을 입은 병
사도 있고 입지 않은 병사도 있다. 이러한 차이
는 신분이나 사회경제적 계급에 따른 것이다.

고구려군의 주력은 지상군이지만 수군도 막
강하다. 광개토대왕 때 백제 정벌전에서 수군을
동원한 바 있으며, 나중에는 황해 연안 항로를
장악하여 백제와 신라가 고구려의 방해로 사신
을 보낼 수 없다고 당나라에 탄원했을 정도였다.

전쟁 – 전후방이 따로 없다 ● 고구려는 성
인 남자라면 반드시 군복무를 해야 하는 국민
개병제의 나라이다. 그러나 처음부터 그랬던 것
은 아니다. 전쟁에 참여하는 것이 특권이던 시
절이 있었다. 그 시절에는 지배층과 부유한 백
성인 이른바 '호민'들만이 전투에 참여할 수 있
었고 가난한 일반 백성들은 식량을 공급해 주는
보급대 역할을 했을 뿐이다. 이때 전리품은 모
조리 특권층의 몫이었다.

4세기 이후 전쟁은 전국민이 무기를 들고 나
서지 않으면 안 될 만큼 커져 버렸다. 광개토대
왕의 전쟁 기록을 보면 한 번의 전투에 5만 명
이상이 동원된다. 수나라나 백제 같은 강국들과
국운을 걸고 싸우는 상황에서 소수 지배층만으
로 전쟁을 치를 수는 없게 된 것이다. 지금도 남
쪽 한강변에서는 신라와 사활을 건 전투가 벌어
지고 있다. 그 사지에 큰아들을 보낸 용대의 마
음에 스산한 걱정이 어린다.

만반의 준비 : 산성에서 생활하는 것이
몇 주일이 될 지 몇 달이 될지는 아무도
모른다. 산성 안에서 먹을 음식과 사용할
장비들을 챙기는 것은 필수적인 일이다.

고구려인은 장수왕 이래 100여 년 간 이렇다 할 전쟁 없이 유례없는 평화를 누렸다.
그러나 남쪽에서는 백제와 동맹을 맺은 신라가, 북서쪽에서는 중국을 재통일한
수나라가 압박해 오면서 나라 전역에 다시금 전운이 감돌기 시작했다. 물론 전쟁을
두려워할 고구려인은 아니다. 온달 장군이 한강을 되찾을 준비를 하고 영양왕은
수나라에 대해 선제 공격을 감행하였다. 이에 대한 보복으로 598년 수나라 군대
30만이 랴오둥 방면으로 밀고 들어왔다. 다시 닥쳐온 전쟁의 세월을 고구려인은
어떻게 맞이할 것인가?

산성 : 능선을 따라 늠름하게 뻗어
있는 성곽이 새로운 식구들을 의연한
모습으로 맞이하고 있다.
고구려인의 산성 생활은 피난이 아니라
또 다른 삶의 양식이다.

호방한 고구려인으로 여한 없는 삶을 살던 염수가 죽었다. 화려하게 치장한 말에 오른 그의 영혼은 슬피 우는 가족들을 떠나 조상신들이 사는 하늘 세계로 너울너울 날아간다. 주변에 비천(飛天)도 날고 신선도 날아다닌다. 그런데 이게 웬일인가? 갑자기 눈앞에 부처님이 나타나더니 노한 얼굴로 꾸짖는다. "네 이놈! 그렇게 많은 사람의 피를 흘리게 하고도 감히 극락으로 갈 엄두를 내는 게야?"

염수는 벌떡 몸을 일으켰다. 꿈이었다.

죽어서도 지금처럼 살기 ● 초기 고구려인은 죽은 후에 조상들의 세계로 되돌아간다고 믿었다. 그러려면 죽은 자를 이승에서 저승으로 데려다 주는 사자(使者)가 필요한데, 말과 개가 그러한 일을 한다고 생각했다. 고구려와 접촉이 잦았던 북방 유목 민족인 오환족은 사람이 죽으면 개가 조상신이 머무는 적산(赤山)으로 영혼을 데려다 준다고 믿었다. 그런가 하면 고

구려의 각저총, 개마총, 장천1호분 벽화의 주인공은 화려한 말을 타고 있다.

이렇게 저 세상으로 가면 그곳에서도 현세의 삶이 그대로 이어진다고 고구려인, 아니 고대인은 생각했다. 이러한 사고 방식을 한자로는 '계세관(繼世觀)'이라고 한다. 바로 이러한 믿음 때문에 많은 고분 벽화에 생전의 생활 모습을 그토록 많이 그리고, 무덤을 마치 죽은 이의 집처럼 꾸몄던 것이다. 그러나 불교가 등장함에 따라 사후 세계에 대한 고구려인의 생각도 변화를 보이기 시작한다.

죽어서 연꽃에서 다시 태어나기 ● 고구려에서 불교가 공인된 것은 4세기 말 소수림왕 때의 일이다. 그 후 불교는 국가의 지원을 받으며 고구려의 대표적인 종교로 성장해 갔다. 광개토대왕과 장수왕 때는 평양에 많은 절들을 지었으며, 높이 90m의 9층짜리 금강사 목탑도 쌓았다. 이에 따라 불교의 하늘 세계나 정토에서

▲ **연꽃에서 다시 태어나기를** : 중국 지린성 장천1호분 벽화(5세기) . 연꽃잎 속에서 아기의 얼굴이 피어나고 있다. 머리카락과 눈·코·입·귀가 또렷하다. 한 사람은 눈과 얼굴이 둥글고 다른 한 사람은 눈이 가늘고 얼굴이 길어 서로 대조적이다. 남녀를 묘사한 것으로 짐작된다. 정토에서는 연꽃에서 새로운 생명이 태어난다고 믿는 불교적 세계관을 앙증맞고 재미있게 표현한 그림이다.

▲ **장천1호분의 여래상** : 중국 지린성 장천1호분 벽화(5세기) . 현재 남아 있는 불교 회화 가운데 가장 오래된 것으로서, 여래상과 비천 등이 등장한다. 먼저 여래상은 남녀 귀족 부부의 절을 받는 모습으로 표현했다. 여래의 얼굴에는 간다라식 불상의 특징인 수염이 있으며, 두 다리를 꼬고 앉되 발바닥이 위로 드러난 결가부좌의 자세를 하고 앉아 있다. 위에서는 비천들이 연꽃잎을 뿌려 여래의 덕을 기리고 있다. 위로는 깨달음을 구하고 아래로는 중생을 교화하여 마침내 부처가 된다는 네 명의 보살도 그려져 있으며, 모두 연꽃 위에 서 있다.

다시 태어나기를 원하는 사람들도 나타나게 되었다. 그러면서 많은 사람들이 무덤을 연꽃 그림으로 장식하기 시작했다. 천왕지신총 벽에는 거북 껍질 무늬를 연속으로 그린 다음 그 무늬들의 속에 일일이 연꽃을 그려 넣었다. 그런가 하면 산연화총에는 벽과 천장고임 전체를 연꽃으로 채웠다.

연꽃은 불교에서 생명과 빛을 상징한다. 정토에서는 모든 존재가 이러한 연꽃에서 태어난다고 한다. 이것을 한자어로 '연화화생(蓮花化生)'이라고 한다. 그러니까 연화화생을 표현한 그림이나 연꽃 무늬로 가득 찬 무덤의 널방은 그대로 불교의 정토였던 셈이다.

죽어서도 산 자와 함께 살기 ● 요즘 사람들은 무덤을 무서워하여 될 수 있는 한 멀리 두려고 한다. 그러나 고구려 사람들은 무덤을 가까이 두고 죽은 이와 더불어 산다(오른쪽 사진). 죽음이라는 게 그렇게 무섭거나 슬픈 일이 아니고 삶의 다른 형태일 뿐이라고 믿었기 때문이다.

그렇다면 죽은 이들이 살아갈 집인 무덤은 어떻게 꾸며졌을까? 고구려 초기의 무덤은 돌 위에 시신을 올려놓고 다시 그 위에 돌을 덮는 '적석총(돌무지무덤)'이었다. 처음에는 간단한 형태였지만 갈수록 피라미드에 버금갈 만큼 복잡하고 거대해졌다. 온갖 화려한 꺼묻거리도 함께 묻었고 때로는 살아 있는 사람까지 동반자로 삼으려고 같이 묻었다.

그러나 산 사람들은 갈수록 영악해져서 무덤에 그처럼 많은 에너지를 낭비하지 않고도 고인과 공존하는 법을 알게 되었다. 그래서 돌로 쌓은 방 속에 꺼묻거리 대신 벽화를 그리고 시신을 안치했다. 이것을 '석실분(돌방무덤)'이라고 하며, 고인이 쓰던 물건은 매장이 끝난 후 장례식에 참석한 사람들에게 나누어 주었다. 이 돌방무덤에 그린 벽화에는 고구려인의 하늘 세계가 아름답게 펼쳐져 있으니, 다음 전시실에서 그 환상의 세계를 만날 수 있다.

◉ 무덤의 왕국 고구려

인간은 누구나 죽게 마련이다. 산 사람들은 일정한 의식을 거쳐 죽은 이와 영원한 이별을 하였다. 고구려에서는 사람이 죽으면 시신을 집에 안치하였다가 3년이 지난 후에 좋은 날을 택하여 장례를 치렀다. 부모와 남편이 죽으면 3년 동안 상복을 입고, 형제일 경우에는 3개월을 입었다. 그리고 다른 고대인들과 마찬가지로 죽어서도 살아 있을 때와 똑같은 신분·지위·생활을 누리고자 하여 거대한 무덤을 만들거나 막대한 양의 꺼묻거리를 함께 묻고, 나중에는 아름다운 벽화를 그리기도 했다. 사진은 중국 지린성 '만보정(萬寶汀) 고분군'의 일부이다. 산성 아래 모여 있는 무덤떼인 여기서 죽은 자의 집인 무덤이 산 사람의 집과 공존하고 있는 모습이 인상적이다. 국내성 지역에만 이러한 무덤이 1만 2천여 기를 헤아리니, 웬만한 고구려인은 모두 죽어서도 1,500년 이상 살 집을 가지고 이 세상을 하직했던 셈이다. 고구려는 산성의 나라일 뿐 아니라 무덤의 나라이기도 하다.

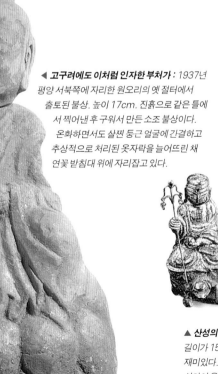

◀ **고구려에도 이처럼 인자한 부처가** : 1937년 평양 서북쪽에 자리한 원오리의 옛 절터에서 출토된 불상. 높이 17cm. 진흙으로 같은 틀에서 찍어낸 후 구워서 만든 소조 불상이다. 온화하면서도 살찐 둥근 얼굴에 간결하고 추상적으로 처리된 옷자락을 늘어뜨린 채 연꽃 받침대 위에 자리잡고 있다.

▲ **산성의 수호신** : 평양시 대성산성에서 나온 조각상. 가운데 돌함의 길이가 15.7cm. 스님처럼 보이는 남녀를 산성의 수호자로 묘사한 것이 재미있다. 고구려에 불교가 갓 들어온 시기에 불교와 고구려의 재래 신앙이 융합하는 과정에서 만든 신상으로 보인다.

신 화 와 함 께 떠 나 는 별 자 리 여 행

고구려의 하늘 세계

- 서양 별자리와 고구려 별자리의 비교   (64~65쪽)
- 고구려의 우주 - 해와 달 그리고 별자리   (66~73쪽)
- 고구려 하늘 세계의 선인들과 동식물   (74~79쪽)

고구려인이 바라본 밤하늘의 모습은 어떤 것이었을까? 그때의 하늘도 지금과 똑같았을까?

우리는 4~7세기 전성 시대의 고구려 무덤에 그려진 750개나 되는 별 그림에서 이런 의문을 풀어 볼 수 있다. 여기 나타난 고구려의 하늘은 지금의 하늘 그대로이면서 또한 그대로가 아니다. 별은 그때나 지금이나 무심히 천공에서 반짝거릴 뿐이지만, 사람이 이음선을 그어 가며 만든 별자리 그림에는 그 사람의 생각이 어려 있다. 별자리는 인간의 문화와 사상을 담아낸 일종의 상징이다. 동양과 서양의 별자리 그림에서 '똑같은 연결선'을 지닌 별자리가 북두칠성 정도라는 점이 이를 잘 보여 준다. 이 때문에 우리는 고구려의 수많은 별자리 그림이 전하는 작은 사연에도 귀를 기울인다.

동서고금을 막론하고 천체 운행이나 별자리 등에 대한 지식은 인간 생활에 매우 중요했다. 농경 생활에 중요한 역법(calendar)은 천체의 변화를 주의깊게 관찰해야 만들 수 있고, 유목 생활이나 해양 생활에서 길을 잃지 않기 위해서는 별자리를 알아야 했다. 고대인은 나아가 하늘 세계와 인간 세계가 서로 밀접한 연관이 있다고 믿었다. 그래서 사후 세계의 신비를 풀고 삶의 질서를 설명하는 데도 천문은 커다란 역할을 하였다.

이처럼 고대의 천문 사상은 자연을 관측하여 얻은 객관적인 지식과 이를 사람 사는 세상에 응용하는 우주론이라는 두 가지 측면이 결합되어 있었다. 우리는 이제부터 고구려의 별자리 그림을 통해 이 두 가지 측면, 즉 고구려인의 과학적인 지식과 그들의 세계관을 함께 살펴보고자 한다.

각저총의 별자리들을
오늘날의 성도(star chart)에서 찾아보면
오른쪽과 같다(노란색 부분).
심수와 방수는 전갈자리,
삼수와 벌성은 오리온자리,
남두육성은 궁수자리,
북극삼성은 작은곰자리,
북두칠성은 큰곰자리에 해당한다.

이 별자리는
6월 중순 오후 11시
7월 중순 오후 9시
8월 중순 오후 7시에 볼 수 있다.

각저총(5세기)에 나타난 별자리
천상열차분야지도(1398년)의 별자리

고구려의 별자리를 감상하려면 먼저
국자 모양의 북두칠성을 찾을 것.
계절과 방위의 지표로 옛날부터 중시된 별자리이다.
그 다음 북두칠성의 반대편, 남쪽의 방위 별자리인
남두육성(서양의 궁수자리)을 찾자.
'남쪽에 국자 모양으로 모여 있는여섯 개의 별들' 이라는
의미의 남두육성은 장수를 상징하는 별자리이다.
이번엔 해와 달을 찾을 차례다.
둥근 원반 속에 세발까마귀가 있는 것이 해이며,
여기가 동쪽이다.
그 반대편 서쪽에는 두꺼비를 그린 달 그림이 있다.
그렇다면 좀 이상하다. 우리가 남쪽에서 북쪽을 바라보면
동쪽은 오른쪽, 서쪽은 왼쪽이라야 한다.
그러나 이 그림은 반대로
동쪽이 왼쪽, 서쪽이 오른쪽 아닌가?
왜 이렇게 될까? 이 별자리 그림은 각저총 천장 벽화를
그대로 지면에 옮겨 놓은 것이다.
천장 벽화는 북쪽에 머리를 두고 누운 시신이
올려다보는 하늘을 그린 것이며,
그러면 동쪽은 왼쪽, 서쪽은 오른쪽에 보이게 된다.

각저총과 천상열차분야지도에 나타난 별자리 위치

❶ 심수(心宿, 전갈자리)

❷ 방수(房宿, 전갈자리)

❸ 남두육성(南斗六星, 궁수자리)

❹ 벌성(伐星, 오리온자리)

❺ 삼수(參宿, 오리온자리)

❻ 북두칠성(北斗七星, 큰곰자리)

❼ 북극삼성(北極三星, 작은곰자리)

❽ 보성(輔星, 알코르별)

❾ 초요성(招搖星, 목동자리) 혹은 필성(弼星)

▲ 성총의 빛살 무늬 태양 그림
태양의 빛살이 뻗어 나가는 형상을 표현하고
있다. 현대적인 태양 이미지와 유사하다.

▼ 진파리 7호분 금구(金具)의
세발까마귀 해 장식
평양시 진파리 7호분에서 출토된
금장식 한가운데 조각된
해 그림이다. 둥근 바퀴 속에
세발까마귀를 표현하였다.
태극 무늬처럼 휘돌아 나가는 곡선의
처리가 고구려 장인의 높은
금속 공예 수준을 보여 준다.
안팎의 두 바퀴 사이로 구슬 같은
바퀴살이 표현되어 있어,
안쪽의 태양 바퀴가 쉴 새 없이
돌아갈 것 같은 느낌이 이채롭다.

◀ 각저총의 해 그림
둥근 해 속에 깃들인 까마귀의 세 발이
또렷이 확인되며 머리 뒤로 뻗은
벼슬이 품격을 더해 준다. 세발까마귀는
태양의 흑점 활동을 신화적으로 해석한
모습이라 여겨진다.

▲ 오회분 4호묘의 해신
세발까마귀의 해 그림을 머리에 이고
있는 해신이다. 남자 모습의 이 인물은
동방의 임금이라는 복희신이다.
해신과 마주 보고 있는 신화적 인물이
여와신이며 뱀 꼬리에 사람 모습을 하였다
(오른쪽 아래). 머리에 달 그림을 들고
있으므로 달신이 된다.
이렇게 해신과 달신은 해와 달의 의인화
과정과 맞물려 있다. 복희와 여와는
중국 신화에서 인류의 시조 또는
천지 창조의 신으로 여겨진 남녀 인물이다.
한나라의 화상석이나 둔황 지역의
그림에서도 이처럼 해와 달을
머리에 인 신들의 모습을 쉽게 볼 수 있다.

해 – 세발까마귀가 깃들인 빛살 바퀴

동쪽 하늘에 세 발 달린 까마귀가 나타나면 하늘 세계 신선들의 축제는 끝난다. 까마귀는 밤하늘의 모든 빛을 집어삼키고도 남는 해와 함께 움직인다. 까마귀가 서쪽 하늘로 넘어가고 그 자리에 해의 누이인 '달'이 복스러운 얼굴을 쏙 내밀면 다시금 밤하늘의 축제가 시작된다. '일월성수(日月星宿)', 즉 해와 달과 별자리는 예로부터 밤하늘을 비추는 '삼광(三光)'으로 불렸으며, 그 가운데서도 해는 단연 낮의 제왕, 달은 밤의 여왕으로 군림해 왔다. 이들은 모두 27군데의 고구려 고분 벽화에 등장하며, 별자리가 그려진 22군데 벽화에도 예외없이 자리잡고 있다. 해는 무덤 속의 동쪽 벽면을 장식하고 달은 서쪽 벽면에서 교교한 빛을 비추고 있다. 해와 달은 각각 동과 서의 상징이기 때문이다.

이 가운데 해는 고구려 고분 벽화 속에서 크게 세 가지 이미지를 갖는다.

첫 번째 이미지는 둥근 원 가운데 '삼족오(三足烏)'로 불리는 세 발 달린 까마귀가 들어 있는 모습이다. 이 이미지는 태양 속의 흑점을 보고 떠올렸을 것으로 추측하는 사람들이 많다. 신령스러운 동물인 까마귀가 태양을 지고 동쪽 하늘에서 서쪽 하늘로 날아가는 모습은 멋진 동영상으로 다가온다. 삼족오는 기러기나 비둘기 모습을 할 때도 있지만, 주로 공작 벼슬을 머리 위에 올린 우아한 모습을 보인다.

두 번째 이미지는 붉은 빛을 띤 둥근 바퀴 주위에 갈퀴 모양의 빛살 무늬를 두른 형태로서, 성총에서 볼 수 있다. 지금도 일기 예보 때 맑은 날씨는 그 같은 빛살 무늬의 태양으로 표현한다는 사실이 흥미를 자아낸다.

세 번째 이미지는 복희라는 해신이 삼족오가 들어 있는 둥근 해를 머리 위로 떠받친 모습이다. 복희는 달을 머리에 이고 있는 여와와 짝을 이룬다. 6세기에 지어진 것으로 보이는 중국 지린성의 오회분 5호묘, 오회분 4호묘에서 그 같은 복희·여와 일월상을 볼 수 있다.

달 – 복두꺼비가 깃들인 둥근 바퀴

고구려인이 그린 달은 보름달 이미지를 갖고 있다. 달의 모습은 매일 바뀌기 때문에 초승달도 있고 반달도 있지만, 쟁반같이 둥근 달을 그렸다. 터키 국기처럼 초승달을 자신들의 이미지로 삼는 중근동 지역의 천문 모티프와는 다른 점이다.

해 그림에는 까마귀만 들어 있는 데 반해 달 속에는 여러 가지 모티프가 자리잡고 있다. 둥그런 바퀴 속에 복을 준다는 두꺼비가 들어 있기도 하고, 계수나무 한 그루가 고스넉하게 서 있기도 하며, 불사(不死)의 선약(仙藥)을 약절구에 찧는 옥토끼의 모습이 눈에 띄기도 한다. 고구려의 달 그림에는 이렇게 옥토끼, 두꺼비, 계수나무의 세 가지 신화적 요소를 하나 또는 둘 이상 섞어서 표현하고 있다. 그리고 이들 모티프는 대개 영원히 죽지 않게 해준다는 불사약의 신화와 관련되어 있다.

옛날 중국 서쪽에 지구의 중심이라 믿어졌던 곤륜산에 서왕모라는 불사의 여신이 살고 있었다. 곤륜산은 아래가 좁고 위가 넓은 모양을 하고 있는데, 모든 큰 강의 근원이며 온갖 기이한 꽃과 풀이 만발한다는 전설 속의 이상향이다. 깃털조차 빠진다는 약수(弱水)로 둘러싸여 있어 상서로운 짐승들도 접근하기 어려운 불사의 세계였다. 그런데 어느 날 항아라는 여신이 그 서왕모의 불사약을 훔쳐서 달나라로 도망갔다고 한다. 그녀는 달 속에서 불사약을 먹었으나 죽지만 않을 뿐 몸은 늙어 두꺼비가 되었다. 그 후 사람들은 달에서 두꺼비가 된 항아의 모습을 보게 되었다.

이처럼 달 속에 인간의 영원한 바람 중의 하나인 불사의 염원이 실려 있다. 달 속의 옥토끼는 여느 집토끼와는 다르다. 집토끼가 네 발 짐승이라면, 달나라의 옥토끼는 두 발 짐승으로 의인화된 모습으로 오늘도 불사약을 찧고 있기 때문이다.

◀ 내리 1호분의 달 그림
*휘영청 늘어진 계수나무
한 그루를 달 속에 심어 두었다.
하늘과 자연이 하나가 된
고구려인의 정취가 물씬 풍긴다.
구름을 닮은 잎들이 오른편으로
몰려 있지만 그 무게를
자연스럽게 지탱해 내는 균형의
미학도 돋보인다.*

▲ 오회분 4호묘의 달신
*머리에 달 원륜을 이고 있는
여와신으로 태양을 머리에 인
복희신과 짝이 된다.
처음에 여와신은 인간을 창조한
신으로 묘사되기도 하였는데,
나중에는 복희와 짝을 이루어
일월신의 하나로 기능이 변하였다.*

▶ 개마총의 달 그림
*평양 지역에 있는 개마총에
그려진 달 그림이다.
두꺼비가 가만히 엎드려 지켜보는
가운데 두 발로 선 옥토끼가
아마도 불사약을 약절구에
넣고 찧는 장면인 듯하다. 절구공이가
가늘고 기다란 점도 특이하다.*

▲ 무용총의 달 그림
*달을 뜻하는 둥근 원 속에
네 다리를 벌린 두꺼비 모습을
담았다. 지금도 두꺼비는
집을 지키며 복을 가져다 주는
상서로운 동물로 여겨지고 있다.
달님에게 비는 소원을
이 두꺼비가 기억할 듯하다.*

▲ **고구려의 유토피아, 하늘의 선경에는 누가 살고 있었을까** : 덕흥리 고분 벽화(408년)의 남쪽 부분. 굽이치는 푸른 은하수, 무수한 별들 사이를 날아다니는 상서로운 새들과 짐승들, 하늘 세계를 노니는 선인 선녀. 이토록 많은 별자리와 이토록 다양한 신화적 모티프와 이토록 아름다운 비천무(飛天舞)가 한데 어우러진 영상을 본 적이 있는가?
이것이 고구려인이 생각한 이상향이다. 죽어서 가는 세상이 이처럼 아름다울 수 있는 것은 내세를 아름답게 가꾸었던 그들의 우주론적 세계관이 있었기 때문이다.
또 하늘에서 사냥을 즐기는 모습은 생전과 사후가 연속된 것이라고 믿은 그들의 계세적(繼世的) 세계관 덕분에 가능하였다.

고 구 려 생 활 관

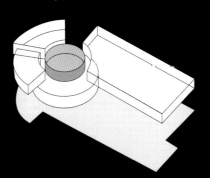
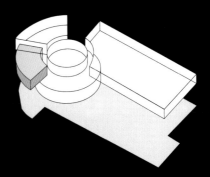
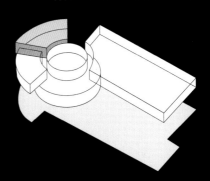
전시 PART 2

이곳에서는 고구려 생활사와 관련된 여러 가지 주제들을 다양한 구성과 깊이 있는 해설을 통해 새롭게 이해할 수 있는 장치들이 기다리고 있습니다. '가상 체험실'에서는 독자들이 고구려 고분을 설계하고 그 안에 벽화를 그리던 화가가 되어 고대의 예술 창조 과정을 체험합니다. '특강실'에서는 주몽 설화와 광개토대왕릉비문에 담긴 고대 동아시아 역사의 비밀을 찾아가는 흥미로운 강의가 펼쳐집니다. 마지막으로 '국제실'에서는 고구려 벽화와 이집트, 폼페이, 둔황 등 세계의 벽화들을 비교 감상하면서 세계인의 문화 유산으로 떠오른 고구려 고분 벽화와 그것을 창조한 고구려인의 높은 문화 수준을 확인하게 될 것입니다.

"벽화를 가진 민족은 미술의 족보를 가진 민족"이라고 한다. 1,500여 년 간 아름다운 자태를 지켜 온 고구려 고분 벽화는 우리 미술의 독자적인 전통과 우수성을 알려주는 산 증거이다. 그러나 이 걸작을 창조한 예술가들은 이름조차 남기지 않고 사라져 갔다. 여기서 우리는 그들의 예술혼을 되살려 내어 그들이 직접 무덤을 설계하고 벽화를 그리던 창조의 현장으로 들어가 보고자 한다.

사후 세계의 창조 – 고분 벽화 그리기

고구려 고분 벽화를 그린 사람들은 단순히 그림을 그리는 기술자들이 아니었다. 고분의 설계에서 벽화 그리기에 이르는 많은 과정이 그들의 손으로 이루어졌다. 르네상스 시대의 레오나르도 다 빈치와 비교되는 종합예술가라고 할 수 있다. 427년에 고구려가 수도를 평양으로 옮긴 얼마 후, 그 근교인 남포에서 고분 벽화를 창조하던 한 화가의 손놀림을 따라 하나의 무덤이 위대한 예술 작품으로 만들어지는 과정에 참여해 보자.

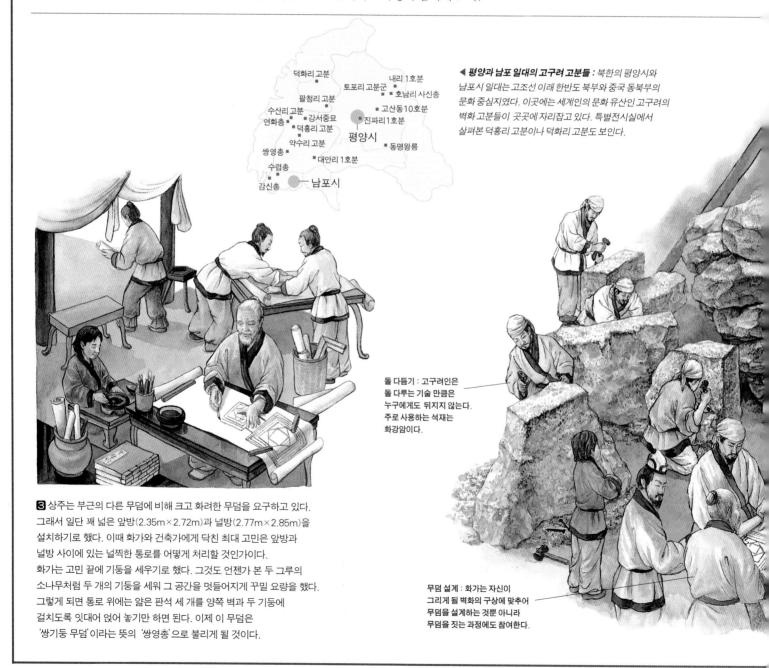

◀ **평양과 남포 일대의 고구려 고분들** : 북한의 평양시와 남포시 일대는 고조선 이래 한반도 북부와 중국 동북부의 문화 중심지였다. 이곳에는 세계인의 문화 유산인 고구려의 벽화 고분들이 곳곳에 자리잡고 있다. 특별전시실에서 살펴본 덕흥리 고분이나 덕화리 고분도 보인다.

덕화리 고분
토포리 고분군
내리 1호분
팔청리 고분
호남리 사신총
수산리 고분
고산동 10호분
연화총
강서중묘
진파리 1호분
덕흥리 고분
평양시
약수리 고분
쌍영총
동명왕릉
대안리 1호분
수렵총
감신총 — 남포시

돌 다듬기 : 고구려인은 돌 다루는 기술 만큼은 누구에게도 뒤지지 않는다. 주로 사용하는 석재는 화강암이다.

무덤 설계 : 화가는 자신이 그리게 될 벽화의 구상에 맞추어 무덤을 설계하는 것뿐 아니라 무덤을 짓는 과정에도 참여한다.

❸ 상주는 부근의 다른 무덤에 비해 크고 화려한 무덤을 요구하고 있다. 그래서 일단 꽤 넓은 앞방(2.35m×2.72m)과 널방(2.77m×2.85m)을 설치하기로 했다. 이때 화가와 건축가에게 닥친 최대 고민은 앞방과 널방 사이에 있는 널찍한 통로를 어떻게 처리할 것인가이다. 화가는 고민 끝에 기둥을 세우기로 했다. 그것도 언젠가 본 두 그루의 소나무처럼 두 개의 기둥을 세워 그 공간을 멋지게 꾸밀 요량을 했다. 그렇게 되면 통로 위에는 얇은 판석 세 개를 양쪽 벽과 두 기둥에 걸치도록 잇대어 얹어 놓기만 하면 된다. 이제 이 무덤은 '쌍기둥 무덤'이라는 뜻의 '쌍영총'으로 불리게 될 것이다.

1 5세기 중엽, 평양성 근교 남포에 살던 한 실력자가 죽었다. 상주(喪主)인 고인의 맏아들은 고인과 절친한 사이였던 스님과 함께 무덤 자리를 본 뒤 화가를 찾았다. 무덤을 어떻게 지을 것인지, 그 안에는 어떤 벽화를 그릴지 상의하기 위해서이다. 이제 고인이 얼마나 훌륭하고 안락한 사후 세계를 누릴 것인지는 화가의 창조적인 두뇌와 야무진 손끝에 달렸다.

2 고구려에서 무덤을 만드는 일은 완벽한 소우주를 창조하는 일이다. 화가가 무덤을 설계할 때는 고인의 생활 모습과 세계관을 잘 알아야 한다. 5세기 벽화는 고인의 생활을 재현하는 풍속화 위주에서 벗어나 연꽃 등 다양한 무늬를 생활 풍속과 함께 그리는 경향을 보인다. 불교 신자였던 고인의 특징을 어떤 방법으로 살려 낼 것인가? 화가는 고민에 빠져 있다.

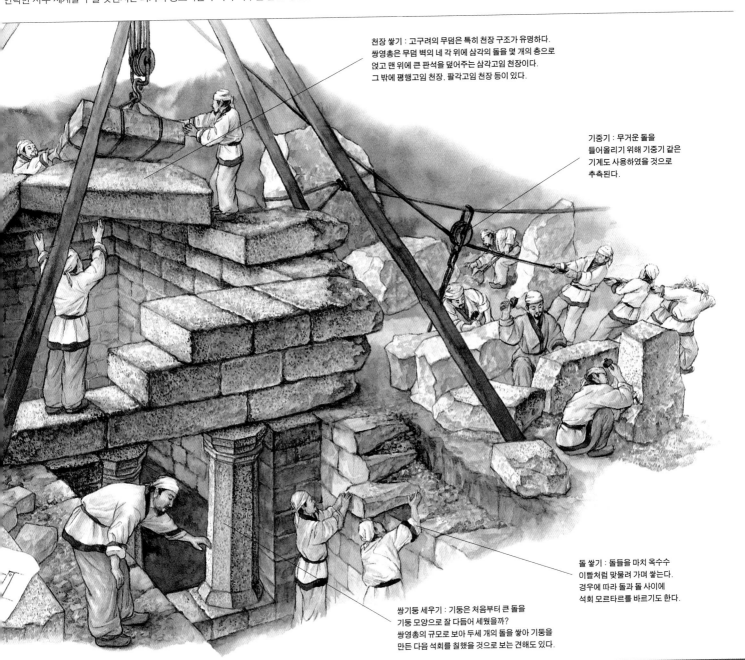

천장 쌓기 : 고구려의 무덤은 특히 천장 구조가 유명하다. 쌍영총은 무덤 벽의 네 각 위에 삼각의 돌을 몇 개의 층으로 얹고 맨 위에 큰 판석을 덮어주는 삼각고임 천장이다. 그 밖에 평행고임 천장, 팔각고임 천장 등이 있다.

기중기 : 무거운 돌을 들어올리기 위해 기중기 같은 기계도 사용하였을 것으로 추측된다.

돌 쌓기 : 돌들을 마치 옥수수 이빨처럼 맞물려 가며 쌓는다. 경우에 따라 돌과 돌 사이에 석회 모르타르를 바르기도 한다.

쌍기둥 세우기 : 기둥은 처음부터 큰 돌을 기둥 모양으로 잘 다듬어 세웠을까? 쌍영총의 규모로 보아 두세 개의 돌을 쌓아 기둥을 만든 다음 석회를 칠했을 것으로 보는 견해도 있다.

▲ 쌍영총 벽화 조각 : 말을 달리며 활을 쏘는 이 활달한 남자의
그림은 쌍영총에서 떨어져 나온 벽화 조각이다. 일제 시대에
일본인들이 떼내어 지금의 국립중앙박물관으로 가져온 이 조각은
남한 지역에 있는 거의 유일한 고구려 고분 벽화 유물이다.

밀그림 그리기 : 밀그림을 그려 놓은 종이를 회벽에 바짝 댄다.
그 위에 골필(뼈)이나 목필(대나무)등의 필기구로
밀그림의 선을 따라 눌러 가며 그린다. 그러면 말랑말랑한 벽면에
윤곽선이 표시되는데, 이 방법을 '압인법'이라고 한다.
다른 방법으로는 '침선법'이 있다. 밀그림이 그려진 종이를
벽면에 댄 다음 뾰족한 도구로 구멍을 뚫어 가며 윤곽선을 새긴다.
그런 다음 종이 위에 먹을 칠해 구멍 사이로 스며들어가게 하면
벽면에 윤곽선이 그려진다. 이때 보푸라기가 일지 않도록
종이에 기름을 먹이기도 한다.

석회 바르기 : 돌로 쌓은 벽에 그림을
그리기 위해서는 우선 벽면에 석회를
바른다. 처음에는 굵은 모래와 석회를
혼합하여 바른 다음, 가는 모래와
석회 섞은 것을 발라 벽면을 고른다.
그런 다음 석회를 얇게 바르는데,
한 번만 바르면 균열이 생기므로
여러 번 얇게 바르면서 그림 그리기에
적합한 표면을 만든다.
이렇게 바른 다음 석회가 어느 정도
굳을 때까지 기다리는데,
이 과정은 대략 사흘 정도 걸린다.

4 오른쪽 그림은 고분 벽화를 그리는 모든 과정을 한 화면에 담은
상상도이다. 따라서 동시에 일어나는 것처럼 그려진 각 인물의 작업은
현실 속에서는 순서대로 이루어진다.

이러한 고분 벽화 그리기는 장례 의식의 일부로서, 당시 사람들이
살았던 현실 사회와 그들이 꿈꾸고 있던 내세(來世)를 생생하게
그리고 있다. 중국 지역과 북한 지역을 아울러 벽화가 그려진 고구려
무덤은 줄잡아 80군데 이상 알려져 있다. 이들 벽화 무덤들은 그 속에
그려진 벽화들의 성격에 따라 크게 세 가지 종류로 나뉜다.

초기의 벽화 무덤들에는 현실 생활, 즉 그 시대의 풍속을 그린 벽화가
주류를 이루면서 사신도 같은 고구려의 하늘 세계도 함께 표현되어
있다. 국내성 지역에 분포해 있는 각저총, 무용총, 장천1호분 등이
이런 무덤에 속하며, 우리가 지금 살펴보고 있는 쌍영총의 벽화 구성도
여기에 해당한다.

두번째 종류의 무덤에는 생활 풍속, 사신도와 함께 장식 무늬가 나타나
벽화의 주류를 차지한다. 특히 4세기 후반 고구려에 공식적으로
전래된 불교의 영향으로 연꽃 무늬가 집중적으로 등장한다.
만주의 통구 12호분, 평양의 천왕지신총 등이 그러한 무덤들이다.

세번째는 사신도가 주류를 이루는 무덤들이다. 사신도는 초기부터
무덤 벽화에서 중요하게 다루어지다가 6세기 이후에는 아예 유일한
벽화로 자리잡는다. 즉, 6세기 이후의 고구려인은 더 이상
현실 세계에서의 생활 풍속도를 다루지 않고 더 주술적이고
더 예술적인 사신도에 집중하게 된다. 여기에는 삼실총,
진파리 1호분 등과 고구려 고분 벽화의 최대 걸작으로 알려진
사신도를 품고 있는 강서대묘가 속한다.

▲ 점토·백점토·고령토 : 주변에서 쉽게 구할 수 있는
이런 흙들이 벽화의 안료로 쓰였다.
고령토는 백토라고도 하며
도자기 원료로도 널리 쓰인다.

안료 만들기 : 고분 벽화의 안료는 흙 같은 천연 재료를 쓰기도 하고, 인공 제련을 통해 얻기도 했다.
자연의 흙은 물과 섞으면 녹지 않고 입자의 크기에 따라 빨리 가라앉는 것과 오래 떠 있는 것들의 층이 생긴다. 이렇게 하는 것을
'수간(水干)'이라고 한다. 오래 떠 있는 것일수록 고운 안료로 쓰인다. 한편, 인공 제련을 통해서 얻을 경우에는 자연의 돌을
철판 위에 놓고 구운 뒤 이를 빻거나 산화철·납 등을 도가니 속에 넣고 혼합하여 여러 색깔의 안료를 얻는다.

색칠하기 : 채색에 사용하는 안료의 재료는 다양하다. 검은색은 피마자 기름이나 동백 기름 따위를 태운 유연묵, 소나무 옹이를 태운 송연묵 등을 사용한다. 붉은 계통의 색은 황토 같은 흙이나 진사 따위에서 얻는다. 또 푸른 계통의 색은 산화납이나 망간, 비소 등을 활용하여 만든다. 또 흰색은 석회를 쓰거나 조개 껍데기를 태워 만들었고, 회색은 갯벌 흙에서 얻었다.

잘못 그린 그림 수정하기 : 벽화를 그릴 수 있는 벽면은 굳기는 했으되 마르지 않은 상태여야 한다. 벽면이 채 마르지 않은 상태에서 잘못된 그림이 발견되면 그냥 손으로 긁어 내고 다시 그리면 된다. 벽면이 말랐을 경우에는, 잘못 그린 그림 위에 분을 살짝 바른 다음 아교 같은 접착제를 섞은 물감으로 다시 그린다.

굵은 모래 + 석회
가는 모래 + 석회
고운 석회
돌

▲ **벽화 단면** : 위 그림처럼 벽면에 석회를 칠하고 그 위에 그림을 그린 것을 '화장지(化粧地)' 벽화라고 한다. 벽면이 매끄러워서 그 위에 직접 색을 칠하는 경우는 '조벽지(粗壁地)' 벽화라고 한다.

▼ **아교를 중탕하는 모습** : 굳어 있는 아교를 안료와 섞기 위해 중탕을 한다.

마른 벽면 : 벽면이 이미 마른 경우에는 안료를 칠해도 떨어지기 쉽기 때문에 아교나 어교 따위 접착제를 섞어서 칠한다.

젖은 벽면 : 벽이 마르지 않은 상태에서는 안료가 벽면 속으로 스며들어가 굳게 된다. 따라서 벽면에 그대로 안료를 칠하면 된다.

5 이제 새로운 우주를 창조하고 그곳에 고인을 안치하는 모든 과정이 끝났다. 노화가가 오랜 세월 자신의 예술혼과 창작욕을 불태워 만든 이 위대한 예술 작품은 이제 오직 고인만을 위한 공간으로 남아 세상과 인연을 끊게 된다. 장례식이 끝나고 사람들이 아쉬움 속에 마지막으로 무덤 안을 살핀 뒤 고인과 작별을 고하고 나오면, 무덤 입구는 폐쇄되고 아름다운 고분과 벽화는 돌과 흙으로 덮일 것이다.

이제 이 걸작 예술품과 이별하기에 앞서 이 벽화들에는 어떤 내용이 담겨 있는지 살펴보자.

널방과 앞방의 천장 : 천장을 사후 세계의 하늘로 보고 해, 달, 봉황, 구름 무늬, 연꽃 무늬, 꽃병 무늬, 초롱 무늬 등을 그렸다. 보통 해는 동쪽에, 달은 서쪽에, 북두칠성은 북쪽에 두었다. 그리고 비천(飛天)·선인(仙人) 등 하늘을 나는 존재도 천장에 그렸다.

벽 모서리 : 기둥을 그리고 벽면과 천장의 이음목에는 도리와 활개를 그려 전체적으로 하나의 완성된 집처럼 보이도록 배려했다.

● 널방 동쪽 벽 : 위 그림은 고인과 그 가족들이 독실한 불교 신자였다는 사실을 알려준다. 음양오행 사상에 따르면 동쪽은 생산의 계절인 봄과 관련 있다. 그래서 먹고 사는 것과 관련된 일은 대개 동쪽에 그렸다.

● 널방 서쪽 벽 : 백호가 자리잡은 서쪽 벽에는 보통 사냥하는 장면을 그렸는데, 이는 서쪽이 '죽이는 계절'인 가을과 관련되기 때문이다. 그래서 사형수도 반드시 가을에 죽였다고 한다.

● 널방 남쪽 벽 : 상승의 기운과 여름철을 상징하는 남쪽에는 훨훨 날아 오르는 주작이 자리잡고 있다.

● 널방 북쪽 벽 : 현무(玄武)와 주인공 부부. 이곳에 주인공 부부가 그려진 것은 북극성이 군주의 자리이기 때문이다.

6 『삼국지』에 따르면 고구려인은 남녀가 혼인하자마자 죽어서 장사 지낼 때 쓸 옷을 만들었다고 한다. 그리고 죽은 뒤에 무덤을 만들고 거기다 벽화를 그리기도 하지만, 살아 생전에 이미 자신이 묻힐 무덤을 미리 지정하여 만들어 두는 경우도 있었다. 사후 세계가 현세와 이어진다는 믿음 때문에 살아 있는 동안 이미 죽을 준비를 하고 있었던 것이다. 또 "고구려에

서는 사람이 죽으면 눈물을 흘리고 곡을 하지만, 장례를 지낼 때는 북 치고 춤추고 풍악을 울리면서 죽은 사람을 떠나 보낸다"(『북사』 고구려전)는 기록도 있다. 그러니까 장례식은 일종의 축제였다. 이제 화가는 선물을 받고 고인의 곁을 떠난다. 다른 사람들을 위해 또다시 아름다운 사후 세계와 축제의 장을 만들어 주겠다는 기대와 각오를 품고.

◀ 다른 벽화들

N S

- 널방 서쪽 벽 : 커튼을 친 장방(帳房)과 그 속의 사람들.
- 널방 남쪽 벽 : 주작(朱雀)

- 앞방 서쪽 벽 : 백호(白虎)
- 앞방 남쪽 벽 : 사람

- 앞방 입구 좌우 : 문지기인 수문장
- 앞방 동쪽 벽과 서쪽 벽 : 양쪽 모두 남자용 쇠수레와 여자용 수레, 말 탄 사람, 북을 치는 사람, 창을 들고 춤추는 사람 등 30여 명의 남녀 그림
- 앞방 동쪽 벽 : 청룡(靑龍)

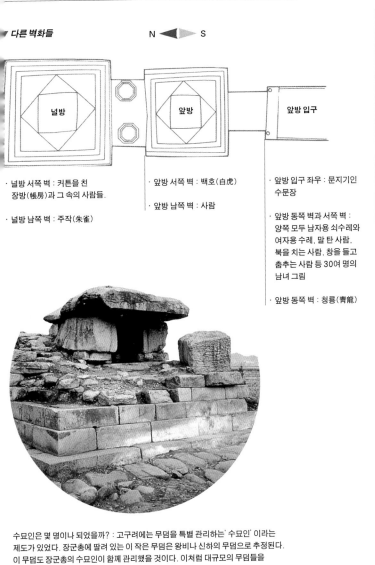

수묘인은 몇 명이나 되었을까? : 고구려에는 무덤을 특별 관리하는 '수묘인'이라는 제도가 있었다. 장군총에 딸려 있는 이 작은 무덤은 왕비나 신하의 무덤으로 추정된다. 이 무덤도 장군총의 수묘인이 함께 관리했을 것이다. 이처럼 대규모의 무덤들을 관리하려면 얼마나 많은 수묘인이 필요했을까? 귀족의 경우에는 8대 신대왕의 재상이었던 명림답부가 죽자 20명의 수묘인이 배정되었다고 한다. 한번 수묘인으로 지정되면 대를 이어 무덤을 지켰으므로 고구려인의 상당수는 수묘인이었던 셈이다.

과거와 현재의 전령사들

"벽화는 핵무기보다 위대하다"

일랑(一郎) 이종상 화백은 한국 동양화단의 거목이며 국제적으로 한국을 대표하는 화가로 꼽힌다. 그는 한국 그림의 뿌리를 이루는 고구려 벽화를 40년이나 연구해 왔다. 서양화 전공이던 그에게 고구려 벽화는 무엇일까?

"대학에 다닐 때 발랑세라는 프랑스 여화가가 초빙되어 와서 실습 시간에 습벽화를 그리더군요. 몹시 흥분된 한편 기분도 나빴습니다. 우리에게도 좋은 벽화가 있는데 왜 서양 것을 배워야 하느냐 하는 반발심이었죠. 그래서 고구려 벽화 탐구에 뛰어들고 전공도 동양화로 바꿨습니다. 고구려 이야기만 해도 '빨갱이' 취급을 받던 시절이었죠. 그런 환경 속에서 세계의 벽화를 다 돌아보고 북한까지 갔다 오면서 외롭게 연구해 왔어요. 고구려 벽화를 자꾸 서양 미술의 잣대로 설명하려는 사람들이 있는데, 그것은 우리 토양에 맞게 그려낸 아주 독특한 우리 미술입니다. 어떤 이는 고구려 벽화를 잘 보존하려면 습기진 무덤을 말려야 된다고 하지만, 고구려 사람들은 무덤 안의 습기를 다 계산해서 가장 잘 보존될 수 있도록 벽화를 그렸어요. 고려 불화나 민화뿐 아니라 오늘 우리의 그림은 모두 고구려 벽화가 만든 전통 위에 서 있습니다. 저는 언젠가 '벽화를 가진 민족은 핵무기를 가진 민족보다 위대하다'는 말을 들었습니다. 이 자랑스러운 유산과 관련해 제게도 꿈이 한 가지 있습니다. 남쪽에 벽화 주제 공원을 세우는 겁니다. 단순한 모방이 아니라 고구려 벽화를 그린 방법 그대로 재현하고 싶습니다. 그렇게 하면 관광 명소가 될 뿐 아니라 앞으로 1,500년 후 중국과 북녘의 고분 벽화가 없어질 때 이들 새 벽화는 지금의 벽화 상태로 남아 있게 될 것입니다."

일랑 이종상
1938년 출생
1998년 루브르박물관 카르젤 설치 벽화 초대 개인전
서울대 동양화과 교수, 서울대 박물관장

고구려인에게 시조 주몽은 정신적 지주이자 역사적 표상이었다. 그들은 나아가 주몽을 동북아시아의 최고 신으로까지 격상시켰다. 신라 왕을 '동쪽 오랑캐의 우두머리(매금)'라고 낮춰 부를 만큼 동북아시아를 자신의 천하로 생각했던 그들로서는 당연한 일이었다. 여기 동북아시아 최고 신화인 주몽 신화를 소개한다.

특강_전호태

고구려 하면 그 광대한 영토와
역동적인 정치사에만 관심이 쏠릴 때
고구려 최대의 문화 유산이면서도
홀대 받던 고분벽화 연구에
혼신의 힘을 기울여 이 분야에서
일가를 이루고 대표적인
고구려 전문가의 한 사람이 되었다.

주몽 설화의 세계

주몽은 신성한 능력을 갖춘 신화적 존재이자 강인한 의지를 지닌 역사적 인물이었다. 고구려 남자라면 누구나 그와 같은 인물이 되기를 바랐다. 그는 밑바닥 삶의 조건을 안고 사회 생활을 시작하였지만, 마지막에는 새 땅에서 새 나라를 세워 왕이 되기에 이른 인물이다. 비록 부여의 왕실에서 자라났지만 아버지를 알 수 없는 아이였으며, 어머니가 하늘 신의 딸이었다고 하나 왕실의 말들을 돌보며 지내야 했던 불우한 소년이었다. 그 소년이 온갖 고난과 박해를 무릅쓰고 시대의 급류를 헤치며 새로운 세계, 새로운 질서의 문을 연 새 역사의 주역으로 떠오른 것이다. 주몽이 고구려 정신의 상징으로 고구려사의 첫 장과 마지막 장을 장식할 수밖에 없는 이유이다.

영웅 시대 – 주몽 설화의 역사적 배경

고조선이 중국의 통일제국 한(漢)과 1년 가까운 전쟁을 벌인 끝에 멸망할 당시 고조선 군대는 철제 무기로 무장하고 있었다. 고조선은 본래 청동기 문화를 배경으로 성립한 사회였으나, 기원전 4세기경부터는 주위의 다른 세력보다 한 발 앞서 철기 사회로 들어가 자체적인 철기 문화를 발전시켜 나갔다. 따라서 기원전 2세기 초 위만을 시조로 한 위씨 왕조가 성립했을 때는 동북아시아의 여러 세력에 대해 크나큰 영향력을 발휘하게 되었다.

그러나 호사다마라고나 할까. 선진적인 철기 문화로 국력을 신장시켜 나가던 고조선에 치명적인 적이 나타났다. 진(秦)나라가 중국 전국시대의 분열을 끝내고 그 뒤를 이은 한나라가 주변으로 세력을 넓혀 가자, 고조선과 한나라의 충돌은 불가피했던 것이다.

고조선이 한나라에게 져서 멸망하자 고조선 중심의 동북아시아 질서는 해체되었다. 옛 고조선 땅에는 한나라의 군현(郡縣 : 지방 정부)이 설치되었고, 고조선 유민들은 주변 여러 지역으로 흩어졌다. 한 군현을 통해 흘러든 중국의 문물이 주변으로 널리 퍼지는 한편, 고조선 사회가 발전시킨 국가 운영의 경험과 철기 문화 역시 동북아시아 곳곳으로 전해졌다. 이를 받아들여 소화한 세력들은 곳곳에서 이 지역의 새로운 중심을 노리며 각축을 벌였다. 그들은 '하늘 신의 자손'임을 입증하려는 정복 전쟁을 통해 세력을 확장해 갔다. 철제 무기로 무장한 전사 집단을 이끄는 영웅들 사이에 전쟁이 계속되면서 주몽이라는 걸출한 영웅의 등장은 초읽기에 들어가 있었다.

영웅의 조건 - 주몽이라는 사나이

고조선이 멸망하자 이 나라의 앞선 철기 문화는 주변으로 빠르게 퍼져 나갔다. 이러한 철기 문화는 동북아시아 여러 사회의 기존 관념과 질서에 큰 변화를 초래하였다. 이제 사람들은 청동 거울과 청동 방울을 몸에 지니고 사람의 소망과 신의 뜻을 이어 주던 신성한 존재를 더 이상 두려워하지 않게 되었다. 그 대신 철제 무기로 무장하고 이웃 나라를 쳐서 아우르는 군사 영웅이 새로운 숭배 대상으로 떠올랐다. 청동기 시대 단군 사회의 지도자들이 신성한 혈통임을 안팎에 알리는 제의로 권력을 다졌다면, 철기 문화에 바탕을 둔 새 시대 지도자의 으뜸 자질은 급박한 현실을 헤쳐 나가는 능력이었다. 영웅 시대가 시작된 것이다.

주몽은 신성한 혈통에 관한 한 누구에게도 뒤지지 않았다. 그는 '천제(天帝)' 해모수와 물의 신 하백의 딸 유화 사이에 태어났다. 그러나 새 시대의 지도자는 이런 혈통만으로 자격을 얻는 것이 아니라, 그러한 혈통으로부터 타고난 능력을 현실 속에서 '고난을 극복하고 새 땅을 개척함으로써' 검증 받아야 했다.

주몽이 극복해야 할 고난은 이미 어머니의 뱃속에 있을 때부터 시작되었다. 주몽의 어머니 유화는 허락받지 않은 임신으로 말미암아 물 속 하백의 궁궐에서 쫓겨났다. 그러자 당시 부여 왕 금와가 그녀를 데리고 자신의 궁궐로 가게 된다. 주몽이 하늘의 아들임을 알게 된 것은 이 때였다. '천제' 해모수는 햇빛으로 아내 유화를 어루만지고 어머니 뱃속의 아기 주몽을 비춰 주었던 것이다.

주몽은 알로 태어나 야산에 버려졌다. 그러나 이 알은 돼지와 새들의 보호를 받았다. 부여 왕의 여러 아들이 주몽을 구박하고 그 능력을 시험하려 들자, 그는 적은 수의 화살로 여러 마리의 짐승을 잡아 자신이 빛을 쏘는 해신의 아들임을 과시하였다.

주몽은 박해를 피해 새 땅을 개척하고자 부여를 떠났다. 그러나 부여 왕자들은 군사들과 함께 그를 잡으려고 뒤쫓아오고, 앞에는 큰 강이 가로막혀 있었다. 이 절체절명의 순간, 주몽은 활로 강을 쳐 물고기와 자라를 불러 다리를 만들게 하여 이 시련을 통과했다. 물과 물 속의 것을 다스리는 물 신의 능력을 발휘한 것이다.

유화 부인은 주몽이 달아나면서 잊고 놓아 둔 곡식 종자를 비둘기 목에 넣어 보냈다. 큰 나무 밑에서 쉬던 주몽은 이 비둘기를 활로 쏘아 떨어뜨린 다음 그 부리를 열어 곡식 종자를 꺼냈다. 그리고는 물을 뿜자 비둘기가 되살아나 어머니에게로 돌아간다. 빛의 화살과 물의 힘을 자유자재로 구사하는 그의 신성한 능력이 또 한 번 드러나는 순간이다.

주몽이 부여 세력을 이끌고 내려와 고구려를 건국한 졸본의 오녀산성. 혼강 위에 우뚝 솟아 있는 오녀산의 웅장한 모습에서 당시의 혼란스러운 시기에 졸본 사람들이 대망하던 영웅 주몽의 모습을 본다.

百殘新羅舊是屬民由來朝貢而倭以辛卯
年來渡海破百殘　　　羅以為臣民

문제의 광개토대왕릉비 신묘년 기사. 국립문화재연구소 『광개토왕비 탁본 도록』의 번역은 다음과 같다. "백잔(백제)과 신라는 예로부터 (고구려) 속민으로서 조공을 바쳐 왔는데, 그 후 신묘년(391년)부터 조공을 바치지 않으므로 (광개토왕)은 백잔(백제) · (왜국) 신라를 파하여 이를 신민으로 삼았다."

那日本府說)'의 결정적 증거라는 것이다. 1910년 대한제국을 강제로 합병한 이후, 일본은 이러한 주장을 역사 교과서에 담아 일본인에게뿐 아니라 한국인에게도 가르쳤다. 그러나 나라를 잃는 바람에 역사 연구를 비롯한 모든 학문 활동이 사실상 불가능한 상태이던 한국의 학자들에게서 이와 같은 일본측의 비문 해석에 대한 반론이 나오기는 쉽지 않았다.

1930년대에 이르러 정인보가 신묘년 기사에 대한 새로운 해석을 내놓으면서 비문에 대한 한국 학자들의 본격적인 연구가 시작되었다. 정인보는 "왜가 신묘년에 쳐들어오자 (고구려가) 바다를 건너 (왜를) 격파하였다. 그런데 백제가 신라를 침략하여 신민으로 삼았다"로 읽을 것을 제안하였다. 1960년대에는 북한의 김석형이 "왜가 신묘년에 건너왔다. (고구려가) 바다를 건너 백제, ㅁㅁ, 신라를 격파하여 신민으로 삼았다"로 고쳐 읽었다. 이후 남북한과 일본, 중국의 학자들 사이에서는 이 기사를 이전과는 다른 방식으로 읽으려는 시도가 일종의 유행병처럼 번지게 되었다. 그 과정에서 "바다를 건너 파하였다"는 구절이 조작되었다는 이진희의 '비문 조작설'이 등장하게 되었다. 임나일본부설을 뒷받침할 증거를 확보하고, 이를 통해 고대부터 일본의 지배를 받았던 한국이 조만간 일본에 합병되는 것은 당연하다는 인식을 심어 주기 위해 일본 육군참모본부가 비문에 석회를 발라 글자를 조작했다는 것이다. 그러나 비문에 석회가 입혀진 것은 빠르도 1890년대 이후의 일이어서 오늘날 비문 조작설은 그리 설득력을 지니지 못하고 있다.

고구려군의 발길이 초원에서 해변까지 미치다

광개토대왕릉비는 왕이 세상을 뜨고 아들 장수왕이 왕위를 이어받은 지 3년째인 414년에 세워졌다. 고구려 시대의 역사책이 남아 있지 않은 현실에서 보면 참으로 귀하고 생생한 당대의 역사 기록인 셈이다. 고구려 역사에 관해 남아 있는 기록으로 가장 오래된 『삼국사기』(1145년)에는 전하지 않는 많은 사실을 비문은 생생하게 전하고 있다.

비문에 따르면, 광개토대왕은 천제와 하백의 혈통을 이은 주몽의 자손, 곧 천손이다. 18세에 왕위에 올랐고, 생전에는 영락대왕으로 불렸다. 왕의 은택은 하늘에까지 미치고 위세는 온 세상에 떨쳤으나, 39세에 세상을 떠났다. 그는 395년 시라무렌강 상류 지역 초원 지대를 무대로 삼던 거란을 쳐 부락 600~700군데를 격파하고 헤아릴 수 없이 많은 소·말·양을 노획하였다. 396년에는 백제를 쳐 아신왕의 항복을 받고 한강 유역과 그 주변의 58성 700촌을 얻었다. 또한 398년 동북 삼림 지대로 군사를 보내 숙신을 다시 복속시켰다.

399년 신라의 구원 요청을 받자 이듬해 보병과 기병 5만을 남으로 보내 신라를 압박하던 왜와 가야의 연합군을 격파하였다. 이 때 고구려군의 공격으로 김해를 포함한 남부 해안 지역의 가야 세력이 큰 타격을 입었다. 그로부터 고구려군 일부가 신라의 수도에 주둔하게 되었고, 신라는 고구려에 조공하기 시작하였다. 404년 수군을 파견하여 대방 지역에 침입한 왜군을 물리쳤으며, 407년 5만의 군대를 파견하여 (백제군)을 격파하고 만여 벌의 갑옷과 수많은 군수 물자를 노획하였다. 410년에는 왕이 직접 군대를 끌고 가 동부여를 다시 토벌하면서 64성 1,400촌을 깨뜨리고 동부여의 항복을 받았다. 광개토대왕이 이끈 고구려군의 발길이 서로는 초원 지대에, 남으로는 한반도 남단의 해안 지대에 미쳤음을 알 수 있다.

비문에는 이 밖에도 왕의 무덤을 지키고 관리하게 할 사람들에 대한 기사도 있다. 성(城)별로 일정한 수를 뽑은 수묘인이 모두 330가(家)에 이르는데, 이들은 왕이 몸소 군사를 이끌고 점령한 지역의 한인(韓人)과 예인(穢人), 원래의 고구려인으로 구성되었다.

정리를 해 보자. 『삼국사기』의 내용을 함께 살펴보면, 광개토대왕은 정복 군주일 뿐 아니라 새로운 이념과 문화의 확산을 바탕으로 고구려 중심의 독자적인 세계를 세우려고 한 이념 군주이기도 했다. 평양에 9개의 사원을 세우고 평양 천도(遷都)를 준비한 것이 이를 뒷받침한다.

비문의 첫머리에 왕이 천제의 직계 혈통임을 내세운 점을 볼 때, 광개토대왕은 스스로 하늘과 땅의 기운과 능력을 한 몸에 구현한 천손이라고 생각했다. 나아가 그는 불교의 가르침을 수호하고 전파하기 위해 안으로는 불교 신앙과 문화의 확산에 힘쓰고, 밖으로는 온 세상을 정복하여 이들 지역을 불법의 세계에 편입시키고자 했다.

광개토대왕이 활약한 시기는 한 나라만 상대하기도 벅찰 만큼 강력한 나라들이 잇달아 일어나고 쓰러지던 북중국의 5호16국 시대였다. 이것을 생각하면, 정복 군주이자 이념 군주인 광개토대왕은 당시의 고구려가 반드시 필요로 하던 군주의 유형이라고 하겠다. 광개토대왕은 20년의 재위 기간 동안 서쪽으로는 북중국의 강자로 떠오르던 후연(後燕)의 강력한 도전을 물리치고, 남쪽으로는 전성기 백제의 기운을 꺾어 버림으로써 고구려를 동북아시아의 패권 국가로 부상시킨 인물이다. 또한 고구려가 천손의 나라임을 강조하고 평양을 개발하면서, 이곳이 불교 신앙과 이념의 중심 도시로 기능하게 함으로써 고구려를 구성하고 있던 다양한 사회와 종족을 하나의 이념과 문화로 묶어 낼 수 있는 기반을 마련한 군주이다. 그리하여 전성기의 고구려를 다스린 장수왕은 거대한 비석을 마련하고, 그 위에 부친의 업적을 새겨 자손 만대에 전하려 했던 것이다.

莊羅為 永樂太王恩澤
海揀賒 庶寧其國富民殷五穀豐熟昊天
不九憂駕棄國口甲寅羊九月廿九日乙酉

"…… 연호를 영락이라 하였다. 대왕의 은택은 하늘에까지 □하고, 그의 위세는 온 세상에 떨쳤다. □□를 쓸어 없애니 백성은 편안히 그 직업에 종사하였다. 그러나 불행하게도 하늘이 돌보지 아니하여 39세(412년)에 세상을 버리고 나라를 떠났다……"

벽화는 궁전·사원·교회·무덤 등 인공 건물이나 동굴 따위의 안팎 벽면, 천장, 기둥 등에 그린 그림이다. 재질·목적에 따라 여러 종류로 나뉘는 벽화는 그 시대 세계관과 생활상을 살펴보는 좋은 자료이다. 고구려보다 앞섰거나 동시대에 그려진 세계의 벽화들을 통해 고대인의 예술 수준을 가늠하면서 그들의 생활 속으로 들어가 보자.

세계의 벽화

● 동굴 벽화 – 미술이 시작되는 곳 │ 라스코 기원전 20000~14000년 │

프랑스 몽티냐크 마을에 있는 수백 미터 길이의 라스코 동굴. 1940년, 이 마을 소년들이 굴 속 깊이 들어갔다가 세기의 발견을 했다. 인류 최초의 미술 작품이 그 속에서 숨을 쉬고 있었던 것이다.

이 동굴에 살던 구석기인은 왜 그렇게 훌륭한 벽화를 그토록 깊은 동굴 속에 그려 놓았을까? 생활 환경을 아름답게 치장할 목적으로 그렇게 하였을까? 천만에. 그들은 그렇게 동굴 속 깊은 곳에서 살지 않았다. 미술사학자들은 동굴 화가들이 주술의 효과를 믿었다고 설명한다. 벽화의 소재는 들소와 말, 코뿔소, 뿔 달린 사슴, 코끼리, 곰과 같은 큰 야생 동물들이다. 굶주리던 선사인은 그림이라는 주술을 통해서 이런 동물을 잡을 수 있다는 확신을 가졌다고 한다. 그래서인지 올가미와 사람의 손 모양도 보이고, 동물 그림을 향해 무수히 많은 화살과 창을 쏘아 댄 자국도 벽화 표면에 남아 있다.

최초의 미술은 이와 같이 생존에 대한 숙연한 바람을 담은 주술 행위였다. 그래서 그들의 바람을 가장 오래 간직해 줄 수 있는 깊은 동굴 속에 그림을 그렸던 것이리라.

▲ 라스코 동굴 벽화 : 에스파냐의 알타미라 동굴과 더불어 구석기 시대 벽화로 유명한 라스코 동굴은 정밀 조사 결과 채화(칠그림)와 각화(새김그림)가 무려 800여 점이나 발견되었다. 검은 소의 몸 길이가 5m나 되는 등 대부분의 동물이 실제보다 두 배 이상 크게 그려져 있다. 검은색, 다갈색, 황색의 동물들이 모두 말, 소, 사슴 등 온대 지방의 동물들인 것으로 미루어 이 벽화의 제작 시기는 빙하 시대 중에서 기후가 비교적 따뜻했던 기원전 2만 년 이후로 추정되고 있다.

는 그물과 배 젓는 노가 인상적이다. 나일강은 또한 주기적으
들이는 이도 있고, 곡식의 껍질을 바람에 날리는 이도 있고 ㅌ

크기에서 신분상의 상하 관계가 확연히 드러난다(왼쪽: 무능
귀부인의 외출에는 수레가 필수적이다.

들을 붙잡아

도 키울 줄 알았고 연못에서 노니는 오리를 감상할 줄도
l과를 마치면 세 개의 소파가 놓여 있는 연희장에 모여 파티를

이집트인의 의술 : 미라를 만드는 마지막 손질. 시체 방부 처리법을 개발한 아누비스 신.

이집트인의 여흥 : 음악을 연주하고 곡예를 보여 주는 예술가들. 이들은 대부분 신전에 속한 직업인이다.

이집트의 이상 세계 : 우주의 모체를 상징하는 거대한 알몸의 여신이 좌우 대칭으로 이집트의 하늘을 떠받치고 있다. 이집트의 고왕국 시대에 각 도시는 저마다 하나씩의 수호신을 받들고 있었다. 이 많은신을 통합하고 정리하는 작업은 신왕국 시대에 와서 이루어졌다. 오른쪽 그림에서 태양 원반을 쓴 하토르 신이 이집트 왕(파라오) 세티 1세를 이 같은 하늘 세계로 인도하고 있다.

고구려의 여흥 : 긴 소매를 늘어뜨리고 추는 소매춤을 표현하고 있다. 두 팔을 위로 뺀 모습을 묘사하면서 팔과 몸을 왜곡시켰는데, 이것도 신체의 각 부위를 분명히 나타내려는 원칙에 따른 것으로 보인다(무용총).

고구려의 이상 세계 : 가운데 황룡을 중심으로 고구려인이 상상하는 신비로운 하늘세계가 그려져 있다. 해와 달과 별들, 그리고 선인(仙人)들이 어우러져 있는 하늘 세계에서 무덤 주인 부부는 영원한 삶을 살아갈 것이다(오회분 4호묘). 오른쪽 그림은 무덤 속에서 하늘과 지상 사이에 가로놓인 건축물 그림으로 나무 기둥과 도리, 보의 짜맞춤이 고구려의 발달한 목조 건축 기술을 보여 주고 있다.

굽은 자와 먹물통을 든 복희

서역의 여흥 : 서역의 춤꾼들이 실크로드를 통해 전래된 가무 '호선무'를 추고 있는 모습이다(왼쪽). 박자가 빠르고 화려하며 흐르듯 멈추지 않고 계속되는 춤으로 한때 당나라의 수도 장안을 휩쓸었다.

서역의 이상 세계 : 가운데 연화문 장식이 있고 사방에 천불이 그려져 있다. 천불은 과거·현재·미래에 세 번 인간 세계에 나타나 공덕을 베푸는 부처이다. 둔황의 화가들은 화려한 천불을 연속적으로 그려 넣음으로써 그들의 굳은 신앙심을 표현하는 동시에 장식적 효과도 거두고 있다. 오른쪽 그림은 하늘 옷을 나부끼며 정토 세계를 날고 있는 비천(飛天)으로 고구려의 비천과 비슷하게 도교적인 느낌을 준다.

폼페이인의 의술 : 트로이 전쟁에서 부상당한 아에네아스가 의사 이아픽스로부터 화살 뽑는 수술을 받고 있다.

폼페이의 여흥 : 탈을 쓴 악사가 탬버린을 흔들며 춤을 추고 있다. 거리의 악사? 연극 배우?

폼페이의 이상 세계 : 그리스·로마인은 현실에 충실한 사람들이었지만, 포도주의 신이자 광기의 신인 바쿠스(디오니소스)를 섬기며 그의 사당인 '신비의 집'에서 은밀한 축제를 벌이기도 했다. 이 그림은 '신비의 집' 벽에 그려진 긴 벽화의 한 장면으로 바쿠스를 따르는 숲의 신 실레누스가 현악기를 연주하는 가운데 한 여인이 비밀 종교 입문식을 갖고 있다. 포도로 온몸을 뒤덮은 사나이는 폼페이인에게 사랑받는 바쿠스(오른쪽).

찾 아 보 기

│ 생활 분야별 찾아보기│

삶
의
밑
바
탕

▶ **의** (의복 · 장신구 · 수예 · 이미용 · 의복 관습) : 농촌 남녀의 복장, 가죽옷, 비단옷, 삼베옷 33 / 도성에 사는 사람들의 복장 38~39 / 왕과 왕비의 복장 51
고구려 장수의 복장 59

▶ **식** (식품 · 영양 · 조리 · 가공 · 저장 · 식생활 관습) : 항아리와 그 밖의 토기, 간장, 소금 30~31 / 산성의 우물 35 / 우물, 고깃간, 부뚜막 41
고구려 술, 맥적, 메주, 육포, 상차림, 고구려 병과 구절판, 요리 42~43

▶ **주** (주거형태 · 주거공간 · 주거설비 · 가정관리) : 고구려 농가 30 / 평상 생활 31 / 성벽의 건축 34~35 / 게르 36 / 도성(장안성)의 구조 38~39
귀족의 집 40~41 / 기와, 우물, 외양간, 부뚜막 41 / 손님맞이 42~43 / 왕궁 50~51 / 산성 안의 구조 57

┤생활 분야별 찾아보기├

고구려생활관 도서실

―총류

- 고려대학교 민족문화연구원, 『한국민속문화대관』(CD-ROM),
  나모 인터랙티브, 1998.
- 두산동아백과사전연구소, 『두산세계백과사전』, 두산동아, 1996.
- 중·고교 『국사』 교과서.
- 중·고교 『역사부도』.
- 한국민족문화대백과사전 편찬부, 『한국민족문화대백과사전』,
  한국정신문화연구원, 1991.
- 한국민족사전 편찬위원회, 『한국민속대사전』, 한국사전연구사, 1997.
- 中國歷史博物館, 『簡明中國文物辭典』, 福建人民出版社, 1991.

―통사·분야사

- 강영환, 『전통과학 시리즈 : 집짓기』, 보림, 1996.
- 강영환, 『한국의 생활과 풍속③집의 사회사』, 웅진출판, 1992.
- 고구려연구회, 『고구려 연구』, 학연문화사, 1997.
- 국사편찬위원회, 『한국사 5-삼국의 정치와 사회 I (고구려)』, 1996.
- 기유메트 앙드뢰 외 2인 지음, 『고대 이집트』, 창해, 2000.
- 김경옥, 『전통과학 시리즈 : 옷감짜기』, 보림, 1996.
- 김기흥, 『새롭게 쓴 한국 고대사』, 역사비평사, 1993.
- 김병모, 『금관의 비밀』, 푸른역사, 1998.
- 김석형, 『고대한일관계사』, 한마당, 1988.
- 김용만, 『고구려의 그 많던 수레는 어디로 갔을까』, 바다출판사, 1999.
- 김용만, 『고구려의 발견』, 바다출판사, 1998.
- 김일권, 『고대 중국과 한국의 천문 사상 연구』, 서울대 박사학위 논문, 1999.
- 김호동, 『고대 유목국가의 구조 : 강좌 중국사 II』, 지식산업사, 1989.
- 노태돈, 『고구려사 연구』, 사계절출판사, 1999.
- 노태돈, 『한국사를 통해 본 우리와 세계에 대한 인식』, 풀빛, 1998.
- 노혁진 외, 『한국 미술사의 현황』, 예경, 1992.
- 르네 그루쎄, 『유라시아 유목제국사』, 사계절출판사, 1998.
- 리지린·강인숙, 『고구려 역사 연구』, 사회과학출판사, 1976.
- 리화선, 『조선건축사』, 과학백과출판사, 1991.
- 민영, 『고구려 이야기』, 창작과비평사, 1989.
- 박용숙, 『한국 미술의 기원』, 예경, 1990.
- 반영환, 『빛깔 있는 책들 109 - 한국의 성곽』, 대원사, 1991.
- 베르나데트 므뉘 지음, 『람세스 2세』, 시공사, 1999.
- 사회과학원 력사연구소, 『조선전사』 3, 과학백과출판사, 1979.
- 사회과학원 력사연구소, 『조선통사』 상, 오월, 1988.
- 서길수, 『고구려 역사유적 답사』, 사계절출판사, 1998.
- 세계사신문 편찬위원회, 『세계사신문 1』, 사계절출판사, 1998.
- 손영종, 『고구려사』, 과학백과사전종합출판사, 1990.
- 손재화, 『선조들이 우리에게 물려준 고대 하이테크 100가지』, 일빛, 2000.
- 신영훈, 『한국의 살림집 상-한국 전통 민가의 원형 연구』, 열화당, 1983.
- 신형식 외 4명, 『고구려 산성과 해양방어체제 연구』, 백산, 2000.
- 신형식 외, 『아! 고구려』, 조선일보사, 1993.

- 안상현, 『우리가 정말 알아야 할 우리 별자리』, 현암사, 2000.
- 엘리자베스 다비드 외 1인, 『람세스 2세』, 창해, 2000.
- 여호규, 『1~4세기 고구려 정치체제 연구』, 서울대 박사학위 논문, 1997.
- 역사과학연구소, 『고구려 문화』, 사회과학출판사, 1975.
- 역사문제연구소, 『사진과 그림으로 보는 한국의 역사 1』, 웅진출판, 1993.
- 역사신문 편찬위원회, 『역사신문 1』, 사계절출판사, 1996.
- 유홍준, 『나의 북한 문화유산 답사기』 상·하, 중앙M&B, 1998.
- 이 옥, 『고구려 민족 형성과 사회』, 교보문고, 1984.
- 이경순, 『찾아라, 고구려 고분벽화』, 문학사상사, 1998.
- 이기백, 『우리 역사의 여러 모습』, 일조각, 1996.
- 이만열, 『한국사 연표』, 역민사, 1985.
- 이이화, 『한국사 이야기 3』, 한길사, 1999.
- 이춘녕, 『한국 농학사』, 민음사, 1989.
- 이태형, 『재미있는 별자리 여행』, 김영사, 1989.
- 이희수, 『터키사』, 대한교과서(주), 1993.
- 전국역사교사모임, 『미술로 보는 우리 역사』, 푸른나무, 1992.
- 전호태, 『고구려 고분벽화 연구』, 사계절출판사, 2000.
- 전호태, 『고분벽화로 본 고구려 이야기』, 풀빛, 1998.
- 정영호 감수, 『그림과 명칭으로 보는 한국의 문화유산』, 시공테크, 1999.
- 정종목, 『역사 스페셜』, 효형출판, 2000.
- 조유전, 『발굴 이야기』, 대원사, 1996.
- 조효순, 『빛깔 있는 책들 7 - 복식』, 1989.
- 중앙교육연구회, 『눈으로 보는 한국 역사-삼국시대』, 중앙교육연구원, 1998.
- 최몽룡·최성락 편저, 『한국 고대국가 형성론』, 서울대 출판부, 1973.
- 최승규, 『서양미술사 100장면』, 가람기획, 1996.
- 최완기, 『전통과학 시리즈: 배무이』, 보림, 1996.
- 타가와 준조, 『돈황 석굴』, 개마고원, 2000.
- 한국고대사회연구소 편, 『역주 한국 고대 금석문 제1권 (고구려·백제·낙랑편)』, 1992.
- 한국역사연구회 고대사분과, 『문답으로 엮은 한국고대사 산책』, 역사비평사, 1994.
- 한국역사연구회 편, 『역사문화수첩』, 역민사, 2000.
- 한국역사연구회, 『삼국시대 사람들은 어떻게 살았을까』, 청년사, 1998.
- Joseph Needham, *Science and Civilisation in China*,
  Cambridge University Press, 1984.
- 『世界の歴史』, 朝日新聞社, 1989~1991.
- 古代史新聞編纂委員會, 『古代史新聞』, 日本文藝社, 1997.

―도록·보고서

- 『경주와 실크로드』, 국립경주박물관, 1991.
- 『고구려 고분벽화』, 고구려 특별대전, KBS, 1994.
- 『고구려성』, KBS, 1994.
- 『돈황』, 예경, 1994.
- 『북한의 문화재와 문화유적 1·2』, 서울대학교 출판부, 2000.
- 『역사와 의식, 고구려의 숨결을 찾아서』, 서울대학교 박물관, 2000.
- 『조선유적유물도감 1·2·3·4 (고구려편)』, 민족문화, 1993.

자 료 제 공 및 출 처

- 『한국미술 1 고구려 고분벽화』, 서문당컬러백과, 1989.
- 『한국복식 2000년』, 국립민속박물관, 1997.
- 경기도박물관 유적조사보고 제1책, 『파주 주월리 유적』, 1999.
- 경기도박물관 유적조사보고 제2책, 『파주 성동리 마을 유적』, 1999.
- 고구려 특별전 도록, 『고구려 한강 유역의 고구려 요새』, 서울대학교 박물관, 2000.
- 국립문화재연구소, 『광개토대왕릉비 탁본 도록』, 1996.
- 국립민속박물관 도록, 1993.
- 국립중앙박물관 도록, 1997.
- 김길빈, 『우리 민속 도감』, 예림당, 1999.
- 김남석, 『우리 문화재 도감』, 예림당, 1998.
- 롯데월드 민속박물관 도록, 1990.
- 새천년 특별전, 『겨레와 함께 한 쌀』, 국립중앙박물관, 2000.
- 이광표, 『사진으로 보는 북한의 문화유산』, 농아일보사, 1997.
- 이왕직, 『조선고분벽화집』, 1916.
- 이태호·유홍준, 『고구려 고분벽화』, 1994.
- 조선일보사, 『집안 고구려 고분벽화』, 1993.
- 한국방송공사, 『고구려 고분벽화』, 예림당, 1994.
- 成東鎬, 『中國古代兵器圖集』, 解放軍出版社, 1990.
- 松原三郎, 『中國の美術①彫刻』, 淡交社, 1982.
- 周迅·高春明, 『中國古代服飾大觀』, 重慶出版社, 1995.
- 高句麗文化展實行委員會, 『高句麗文化展』, 1985.
- 內蒙古自治區博物館, 『中國內蒙古北方騎馬民族文物展』, 日本經濟新聞社, 1984.
- Theodore H. Feder, *Great Treasures of Popeii & Heraculaneum*, Abbeville Press Inc., 1978.

글

야외전시_강응천 / 고구려실_오영찬 / 특별전시실_김일권 / 가상체험실_강응천(특별 감수-이종상·서울대 박물관장) / 특강실_전호태 / 국제실_편집부 / 최종교열_강응천

사진

8-9 백두산_서길수(고구려 연구회 회장) / 10-11 오녀산성_서길수 / 12-13 백암성_서길수 / 14 광개토대왕릉비 (탁본)_국립문화재연구소 / 15 광개토대왕릉비_서길수 / 16-17 환도산성과 산성하 고분군_서길수 / 22-23 봉황산성_서길수 / 27 다락 창고, 집 모양 토기_국립중앙박물관 / 28 정과 끌, 보습_서울대 박물관, 가위_『조선유적유물도감』 / 30-31 아차산 보루 쪽구들_손승현 / 31 나팔입항아리_서울대 박물관 / 34 평양성 석각_『조선유적유물도감』 / 35 우물_서길수 / 36 초원_김영종 / 37 신라 금관·장식 보검_국립중앙박물관, 아프가니스탄 금관_『금관의 비밀』, 청동솥_경성대 박물관 / 41 기와, 부뚜막_국립중앙박물관 / 43 고구려 병·구절판_서울대 박물관 / 44 금동 광배_『조선유적유물도감』 / 45 모두루 묘지명_『조선유적유물도감』 / 50 주춧돌_서길수 / 51 왕관_『조선유적유물도감』 / 54 장고·거문고·뿔나팔_『조선유적유물도감』 / 55 메는 북_『조선유적유물도감』 / 57 옹담산성_서길수 / 59 스파이크_국립중앙박물관 / 61 금동불 좌상_『中國の美術①彫刻』(淡交社) / 62 돌귈 비_김영종, 호류지 금당 벽화_『법륭사』, 불상, 호우총 호우_국립중앙박물관, 중원 고구려비_서길수 / 63 만보정 고분군_서길수, 불상_국립중앙박물관, 산성의 수호신_『조선유적유물도감』 / 72 해 장식_『조선유적유물도감』 / 84 쌍영총벽화 조각_국립중앙박물관, 고령토_손승현 / 87 무덤_서길수 / 89 오녀산성_서길수 / 93 광개토대왕릉비_『조선유적유물도감』 / 94-95 탁본_국립문화재연구소

그림

24-25 성과 성 사이_이원우 / 26-27 마을_이선희 / 33 남과 여_이혜원 / 34-35 산성 축조_이선희 / 38-39 도성_이원우 / 40-41 귀족의 집_이진 / 45 경당_이선희 / 48-49 고구려 야회복 컬렉션_강전희 / 50-51 안학궁_이진, 왕과 왕비_이혜원 / 56-57 산성으로 올라가는 사람들_이원우 / 58-59 아차산 제4 보루_조광현, 고구려 장수_강전희 / 82-87 고분 벽화 그리기_이선희 / 95 카툰_이은홍

벽화 복원 (부분 복원☆ / 완전 복원★)

27 쇠머리를 한 농사의 신☆, 28 대장장이들의 우상 야철신(冶鐵神)☆, 29 수레바퀴신☆, 31 평상 위의 선인(仙人)☆, 32 견우와 직녀☆, 33 베 짜는 여인☆, 40 귀족의 집★, 41 우물, 외양간☆, 42 귀족 집의 손님맞이★, 43 조리하는 사람들☆, 44 무덤 주인 부부도☆, 46-47 고구려인의 나들이★, 48 귀족 부인들의 화려한 외출☆, 41 기마 궁술 대회★, 53 수박희, 사람들을 즐겁게 하는 데는 내가 최고☆, 54 장고 치는 선인, 거문고를 연주하는 여인, 뿔나팔을 부는 선인☆, 55 춤추는 다섯 명의 무용수☆_김동원, 68-71 고구려의 우주 조감도★_한수임(전개도 설계_김일권) / 벽화 색채 자문_채미영

디자인

한국생활사박물관 개념도_장문정 / 제목용 서체디자인_김섭

※ 한국생활사박물관 편찬위원회는 이 책에 실린 모든 자료의 출처를 찾기 위해 최선을 다했습니다.
누락이나 착오가 있으면 다음 쇄를 찍을 때 꼭 수정하도록 하겠습니다.

한국생활사박물관 03 「고구려생활관」

2001년 1월 12일 1판 1쇄
2022년 6월 30일 1판 14쇄

지은이 : 한국생활사박물관 편찬위원회
편집관리 : 인문팀

출력 : 블루엔 / 스캔 : 채희만
인쇄 : (주)삼성문화인쇄
제책 : 책다움
마케팅 : 이병규·양현범·이장열
홍보 : 조민희·강효원

펴낸이 : 강맑실
펴낸곳 : (주)사계절출판사
등록 : 제406-2003-034호
주소 : (우)10881 경기도 파주시 회동길 252
전화 : 031)955-8588, 8558
전송 : 마케팅부 031)955-8595 편집부 031)955-8596
홈페이지 : www.sakyejul.net 전자우편 : skj@sakyejul.com
블로그 : blog.naver.com/skjmail
페이스북 : facebook.com/sakyejul
트위터 : twitter.com/sakyejul

저작권자와 맺은 협약에 따라 인지를 생략합니다.

ISBN 978-89-7196-683-9
ISBN 978-89-7196-680-8(세트)